U0901980

经济用语图鉴

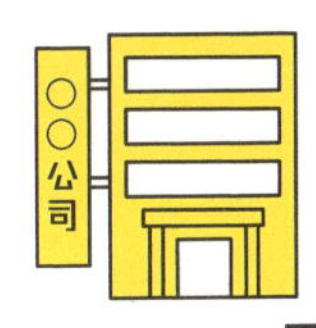

[日] 花冈幸子 著

[日] 浜田加纳 绘

赵百灵 译

南海出版公司

2021 · 海口

序言

在“从储蓄到投资”的潮流稳步推进的进程中，我认为了解“什么是经济”越来越重要。

当然，了解经济知识（即经济学）有助于我们投资。但是其实我们在报纸、电视、网络上看到的新闻以及日常生活涉及的方方面面都是经济的一部分。也就是说，就像是我们担心明天或下周的天气，关心明年的夏天是否会热一样，经济学就在我们身边。“为什么最近蔬菜的价格这么贵呢”“年末和年初的旅游费用好高啊”“听说要减产啦，原油价格会暴涨吧”等都是与经济有关的现象。

例如，商品的价格是如何决定的呢？

消费者想要低价购买，而卖方不愿降价想高价出售，双方在交易过程中僵持不下。这时，如果了解需求和供给的关系，就会知道价格在什么条件下可以稳定下来。其中一方的立场更坚定就会引起价格的上下浮动，在理解这一点的基础上重新审视价格，对很多现象会有更加清晰的了解。

对于我们应该如何理解包括上述在内的世界上的诸多现象和变化，经济学给予了我们一些启发。

我们在看天气预报的时候，想必有很多人可以看得懂什么是低气压或高气压，台风是大还是小。如果掌握了经济学的基础知识，就可以更容易地理解日常的新闻和一些事件。

为了让大家了解这些有趣之处，本书以插画的形式穿插具体示例，加上通俗易懂的说明，旨在优化内容结构，打造可读性与趣味性兼具的经济学科普书。

如果从本书的开篇按顺序阅读，就可以从经济学概要开始循序渐进地了解经济学，不过其实从哪里开始读都无妨。另外，为了方便查询与某个词汇相关的其他重要词汇，文中标注了页码，让读者可以更加深刻地理解该词汇。此外，书后还附有索引，便于查询词汇。

读了这本书之后，您可能会恍然大悟“原来我们身边发生了这种现象啊”。帮您掌握经济学的智慧，在日常生活中可以先人一步，思考接下来最适合采取的行动并做出最佳选择。

我想很多人希望拥有健康而丰富的生活，为此会注意饮食，锻炼身体。那么，为了更加丰富的人生，让我们一起学习经济学吧！

最后，请允许我借此机会向支持本书策划方案的日本WAVE出版的玉越直人董事长，以及不辞辛劳为我审校编辑的设乐幸生先生致以衷心的感谢。

日本大和证券投资战略部
花冈幸子

第1章 什么是经济学？

第2章 微观经济学

1千元
5千元
1千元

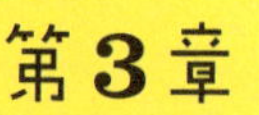

第3章 宏观经济学

第4章 国际经济学

第5章 经济史

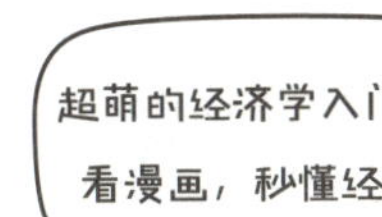

新型
1,000円
What is
Econom

第一章

什么是经济学？

经济学 [Economics]

即使人们想要得到一些商品（物品）和服务 [p13]，也不可能得到所有自己喜欢的东西。不过有一门研究如何满足这种欲望的学问，它就是经济学。

因为经济与生活中的各个方面都息息相关，所以学习经济学就相当于了解世界。

稀缺性 [Scarcity]

指的是社会上的资源不能充分满足人们需求的状态。

1 即使日本人想要吃很多苹果……

2 但并没有那么高的产量。

苹果资源是有限的，因此可以说苹果具有稀缺性。

商品和服务［Goods & Service］

指个人或企业［p52］等即使付出代价也想要得到的东西。有形的叫作商品，无形的叫作服务。商品大致分为四类。

消费品

最终由个人使用的商品。

资本品

协助生产其他商品或协助服务的商品。

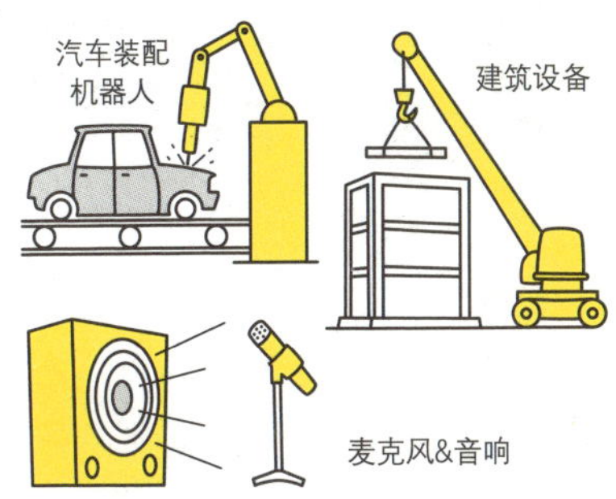

耐用品

使用寿命较长的商品。

消耗品

使用后容易消耗掉的商品。

服务

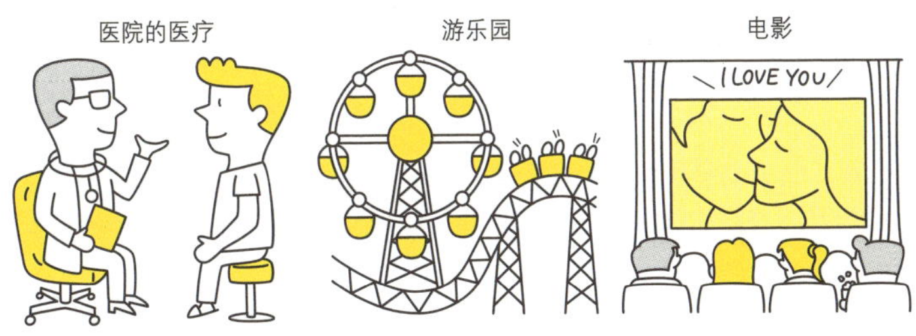

需求和欲望［Needs & Wants］

需求是我们生存不可或缺的东西。

欲望是满足需求的手段。

如左图所示，任何食物都可以满足基本的生存需求。但欲望却是多种多样，例如“想吃天妇罗”“想吃鳗鱼”“想吃寿司”……因此，满足了需求不一定可以满足欲望。

最优化行为 [Optimizing Behavior]

指的是消费者、生产者等市场 [p20] 的参与者会采取理性的行为。

经济学 [p12] 是以采取优化行为为前提的。在经济学中，类似于可以低价购买却故意购买高价的商品和服务 [p13]，或可以高价卖出却故意低价卖出等非理性行为都是不可思议的。

生产要素 [Factors of Production]

指的是生产商品和服务 [p13] 时所需要的资源。通常分为以下四种。

土地　依靠人力无法生产出来的天然资源。

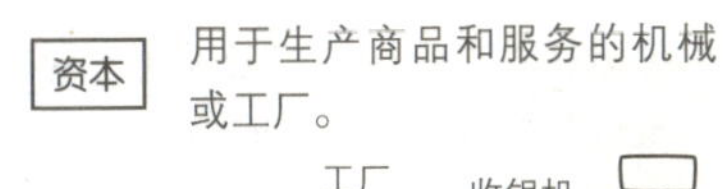

资本　用于生产商品和服务的机械或工厂。

劳动力　指的是劳动者为获取收入利用身体或大脑进行工作的行为。

企业家　创办新企业，并将商品推向市场的人。

激励 [Incentive]

激励指的是使决策者的行为发生变化的诱因或动机，最具代表性的激励是价格［p100］。

价格下调后，可以激发之前没想要购买的人的购买欲望。

价值 [Value]

价值是对市场［p20］上商品和服务［p13］的一种评估。可以用金钱来衡量，并表现为价格［p100］的形式。

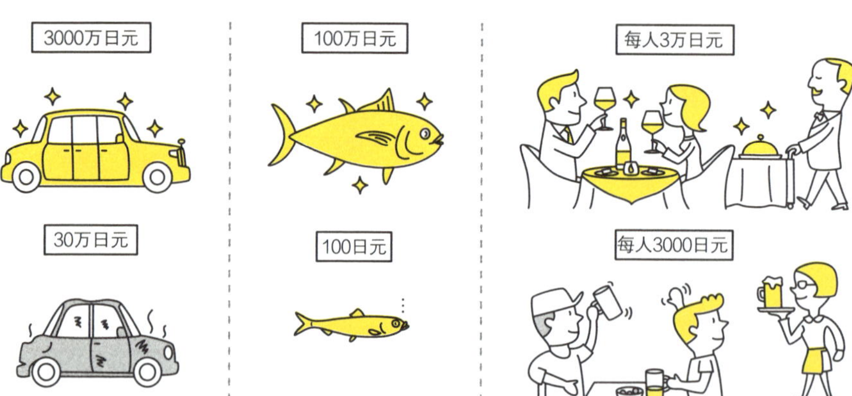

价值悖论 [Paradox of Value]

很多生活必需品的价值 [p16] 不一定高，需求和价值之间存在着矛盾。

效用 [Utility]

想要让商品和服务[p13]拥有价值[p16]，不仅需要稀缺性[p12]，还有一个根本前提是，它可以提供效用（消费该商品所获得的满足程度）。

1 水是人类生存不可或缺的物质，因此对于千万人而言，它有效用。

2 钻石和祖母绿等珠宝对于需求它们的人而言，具有效用。

3 不过钻石对于想要的人以及不想要的人而言，效用不同。

一件商品，对于认为它没有效用的人而言，无论是否稀缺都是没有价值的。只有在有效用的基础上，稀缺性越高，商品的价值才越高。

财富 [Wealth]

指的是具有效用［p18］和稀缺性［p12］，可以进行转移的产品积累。

家庭 [Household]

家庭是社会消费的基本单位，由住在同一栋住宅或公寓中共同生活的人组成。

市场 [Market]

指的是买卖双方可以进行商品和服务［p13］交换的功能或场所。

经济循环 [Economic Cycle]

家庭［p19］、企业［p52］和政府等经济主体［p21］分担了商品和服务［p13］的生产和消费等一系列经济活动，其成果通过货币［p152］进行交换。如上所述的经济活动的循环过程即为经济循环。

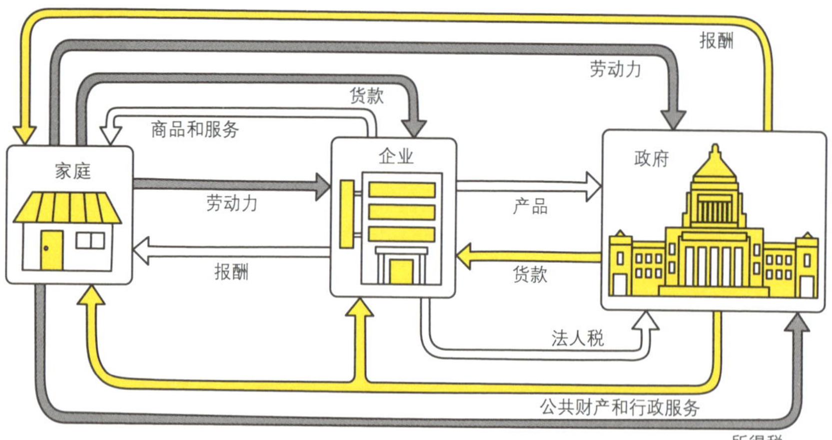

在这个循环中，商品和服务与货币交换的场所——市场［p20］起到了重要的作用。

经济主体 [Economic Agent]

指的是进行生产、流通、消费等经济活动的单位，包括家庭 [p19]、企业 [p52] 和政府。

有时也将消费者、生产者、个人等视为经济主体。

自由市场经济 [Free Market Economy]

指的是家庭 [p19] 和企业 [p52] 能够自由交易想要买入或卖出的商品和服务 [p13] 的市场 [p20]。政府和权力机构不进行干预，价格 [p100] 取决于需求和供给 [p34] 的均衡点。

经济增长与生产率

[Economic Growth & Productivity]

所谓经济增长，是指一个国家的商品和服务［p13］的总产量随着时间的推移而增加。生产率是左右经济增长的关键因素之一，提高生产率有助于推动经济增长。

1 一家企业，现在一天可以生产1000 支圆珠笔。

2 员工对机械设备进行了保养。

3 因此每天的产量上升至1200支。

因为生产率提高了20%，所以提高了产量，推动了经济增长。

劳动分工 [Division of Labor]

指的是由多个人承担不同的任务，因此减少了个人负担的作业种类。

1 假设某工厂有10名员工。在以往该工厂采取的作业方式中，10名员工需要负责所有的工序。

2 但因为上述作业方式效率低下，所以该工厂引进了新的作业方式，先确定好10名员工的分工后再进行作业。

一般认为，与以往由全员10人负责四道工序的做法相比，确定好10名员工的分工，再让他们专注于一道工序的做法可以提高生产率 [p22] **。**

专业化 [Specialization]

指的是专注于比其他人更擅长的事情（或领域）。专业化大体分为三个方面。

1 在工厂等生产过程中进行分工［p23］，即先确定负责人员再开展工作。

2 企业间的专业化，指的是充分利用本公司的核心技术，专注于生产拳头产品。

3 国家层面的专业化，指的是重点生产可以实现高效生产的产品。

权衡取舍 [Trade-off]

指的是如果从多个选项中做出某个选择后，就必须放弃其他选择的关系。

个人的示例

如果选择1000日元的套餐，
就必须放弃便当和甜点。

企业的示例

如果减少存货……

现在，没有存货了……

错失销售机会

如果增加存货……

存货堆积如山！

增加了额外的成本

成本 [Cost]

指的是为了获得想要的商品和服务 **[p13]** **所必须付出的代价。**

商品

为了买衣服，需要付出2万日元的代价。

服务

为了学习英语会话，需要付出2万日元的代价。

机会成本 [Opportunity Cost]

通常，当我们想获得中意的商品和服务［p13］时，需要从各个选项中选择一个。如果此时不选择此项而做出其他选择的话，可能会获得的价值［p16］即为机会成本。

● 个人的例子：“去游乐园游玩，还是去打工？”

打工可以赚1万日元，但因为去游乐园而放弃了这项收益。也就是说因此产生了1万日元的机会成本。

● 企业的例子：“耗资1000万日元引进机器，还是引进人才呢？”

引进机器就意味着放弃了引进人才可能产生的价值，因此产生了机会成本。

股份有限公司 [Corporation]

指的是通过发行股票筹集所需资金的公司。投资者通过购买股票成为股东，根据股票份额享有相应的公司所有权。

● 成立股份有限公司大体有五大优点。

1 方便筹集资金。

在资金短缺时，可以通过发行股票筹集资金。与借款不同无须偿还。

2 股东可以投资非专业领域的企业，可以将企业运营交给职业经理人。

3 即使股份所有者发生变更，企业也会继续存在。

4 股东对公司负债不承担责任（股东有限责任）。

股东以入股的数额为限对公司承担责任，因此即使公司破产，股东最多损失出资额。

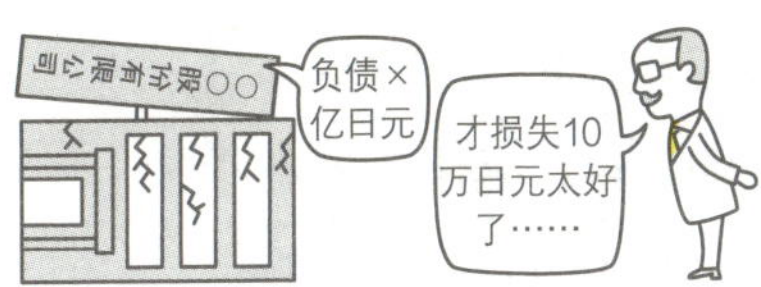

5 只需卖掉股票即可转让股份所有权。

生产可能性边界
[Production Possibilities Frontier]

指的是用于表示利用某个国家所拥有的所有资源，使用最高效率手段所能生产的商品（包括服务）[p13] 组合的曲线图。

由于资源的有限性，如果想要增加某种商品的生产，就必须牺牲其他商品的生产，在增加某种商品的生产后，其他商品的产量就会减少。

1 例如，假设A国只生产汽车和大米两种商品。

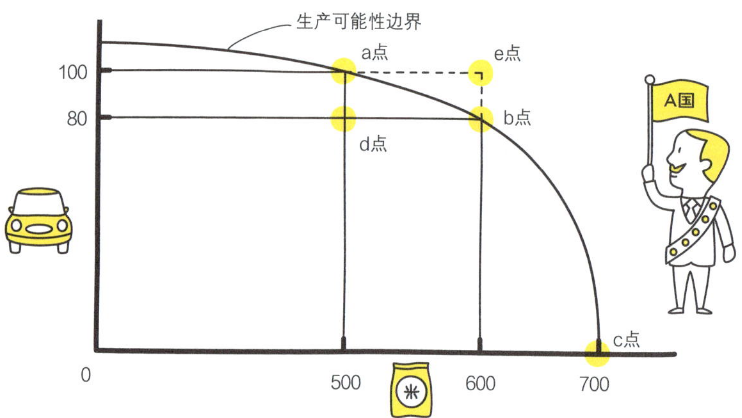

2 如果利用所有资源，A国家可以生产100辆汽车和500kg大米（a点）；如果将汽车生产量减少至80辆，大米产量就可以达到600kg（b点）；或者不生产汽车，大米的产量可达700kg（c点）；还可以选择在边界内侧生产80辆汽车和500kg大米（d点）。但是，在保持100辆汽车生产量的情况下，如果想生产600kg大米，则会因资源不足而无法生产（e点）。

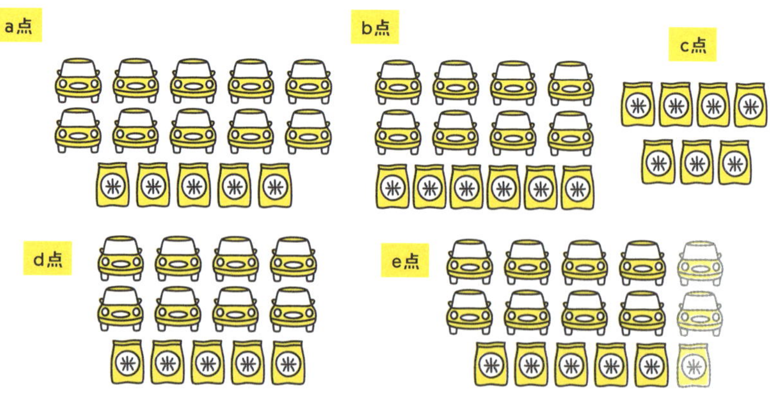

3 假设现在A国正在a点进行生产，并且正在考虑向b点移动。如果移动到b点，虽然大米的产量可以新增100kg，但20辆汽车将无法再生产。这个无法再生产的部分就是机会成本［p26］。

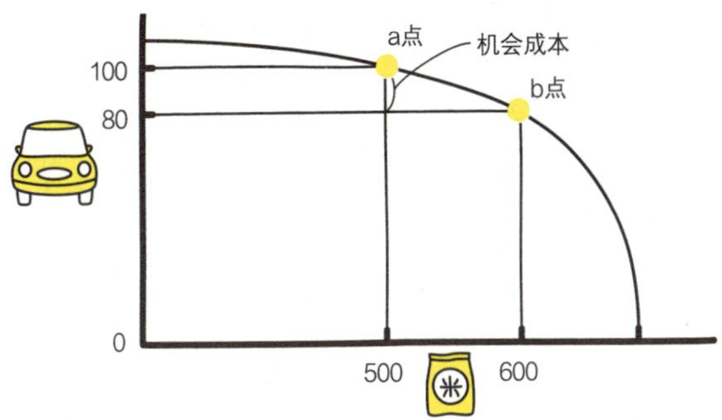

4 另外，如果在生产可能性边界的内侧进行生产，则说明还存在未被有效利用的资源，这些资源被称为“闲置资本”。以A国为例，如果大米的产量从b点的600kg下跌至e点的500kg，闲置资本的机会成本就是因此而丧失的100kg的大米产量。

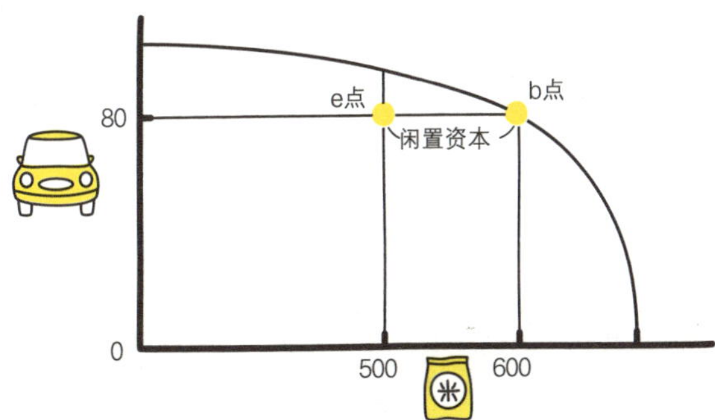

5 由于技术革新等原因使生产可能性边界向外侧移动的现象被称为“经济增长”［p140］。

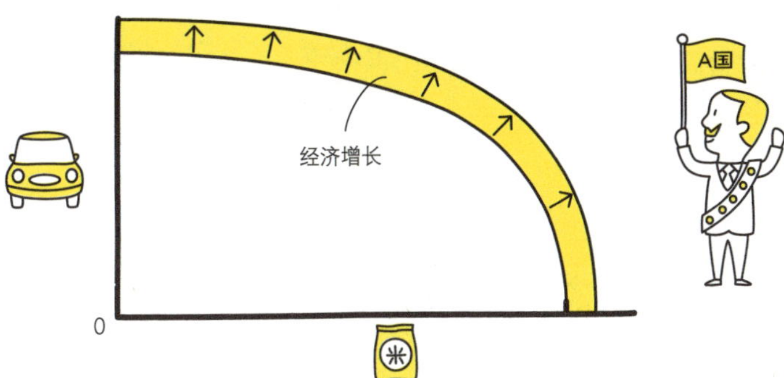

微观经济学 [Microeconomics]

微观经济学是以家庭 [p19] 和企业 [p52] 等单个经济单位的行为和决策作为研究对象，对各种商品 [p13] 的产量、价格 [p100] 的决定方式、分配方式、决策过程等问题进行分析的经济学 [p12]。

宏观经济学 [Macroeconomics]

宏观经济学是从国家或地区整体宏观经济的视角出发，研究类似“如何决定消费和投资”“政府的作用是什么”等经济体制问题的一门学科。

Microecono

ics

第2章 微观经济学

需求与供给 [Supply & Demand]

“为什么玉米和西红柿等农产品在夏季会降价？”
“为什么画家去世后画作的价格会上涨？”
以上问题都可以用供求关系来解释。一般认为价格 [p100] 最初是通过如下方式决定的。可能买方都想以更低的价格购买，而卖方都想要以更高的价格出售吧。

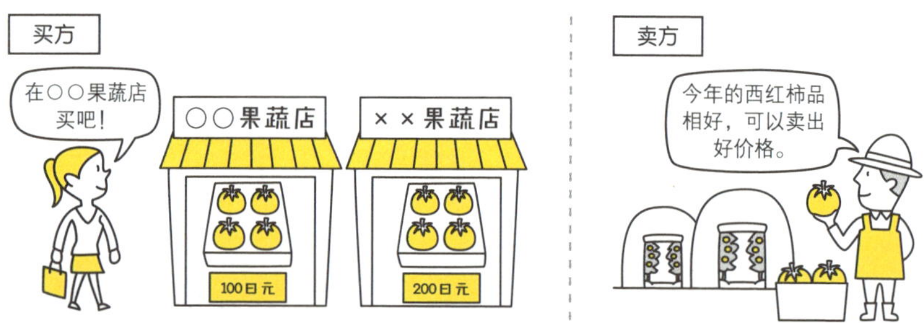

价格是由需求方（买方）和供给方（卖方）的意向趋近之处，即需求曲线 [p37] 和供给曲线 [p38] 的交点来决定。

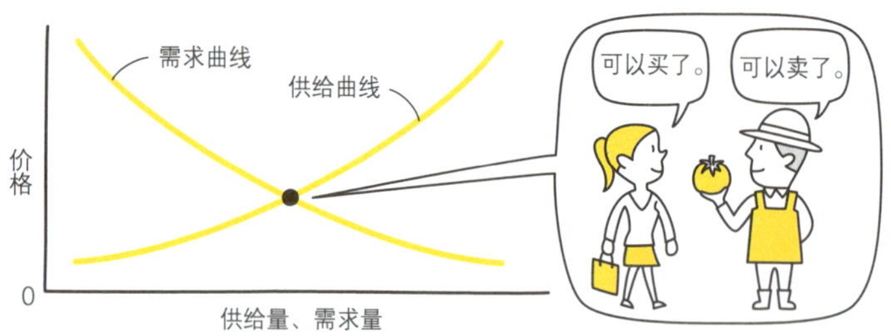

夏季想要出售农产品的人数增多（供给量增加）。而画家去世后，将不再产生新作（没有新的供给）。

如上所述，需求量和供给量的增减会引起价格的变化。

需求 [Supply]

指的是想要购买商品和服务 [p13]，并有支付货款的意向和能力。

供给 [Demand]

指的是卖方以销售为目的，在市场 [p20] 出售的商品和服务 [p13] 及其数量。

需求法则 [Law of Demand]

消费者购买商品和服务［p13］时，如果价格［p100］发生变化，购买的数量也随之变化。

如上所述，如果价格上涨，购买量就会减少；价格下降，购买量则会增加。也就是说，需求量与价格之间存在着一种反比关系。

供给法则 [Law of Supply]

指的是当生产者（供给者）生产（销售）的商品和服务［p13］的价格［p100］发生变化后，生产（销售）的数量随之变化。

● 假设A女士在某家餐厅打工，时薪为1000日元，每天工作2个小时。

· 因餐厅生意红火，人手不足，时薪变成1500日元，A女士决定再工作3个小时。

· 餐厅生意冷清，时薪变成500日元。A女士决定减少打工时间，增加学习时间。

如上所述，当商品和服务（在上述示例中为劳动力服务）的价格上涨时，供给量就会增加，相反，价格下降时供给量减少。也就是说两者成正比关系。

需求曲线 [Demand Curve]

指的是用来表示价格 [p100] 与所对应的需求 [p35] 数量关系的曲线。表示某个特定的人的需求量的图表被称为个别需求曲线。

● 如果苹果的价格发生变化，A女士和B女士的购买数量分别会有什么变化呢？

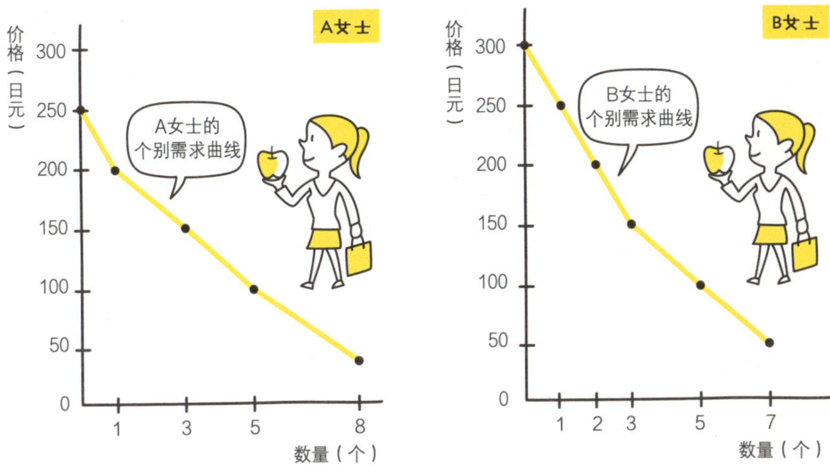

此外，表示所有有意向购买该商品和服务 [p13] 的人的需求量的图表被称为市场需求曲线。本章节假设在市场 [p20] 上只有A女士和B女士有购买苹果的意向和能力。

● 如果苹果的价格发生变化，市场上的购买数量会发生怎样的变化呢？

价格	A女士 ＋	B女士 ＝	市场
300日元	0	0	0
250日元	0	1	1
200日元	1	2	3
150日元	3	3	6
100日元	5	5	10
50日元	8	7	15

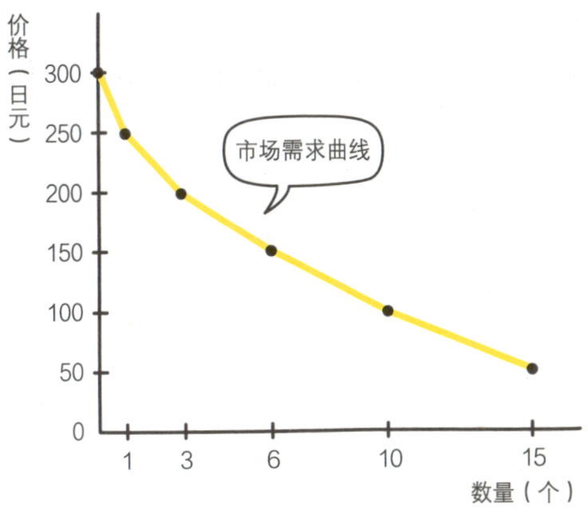

如果价格下降，需求量就会增加，因此需求曲线是向右下方倾斜的。

供给曲线 [Supply Curve]

指的是用来表示价格 [p100] 与所对应的供给 [p35] 数量关系的曲线。表示某个特定的公司的供给量的图表被称为个别供给曲线。

● 如果苹果的价格发生变化，生产苹果的C公司和D公司的供给数量分别会发生怎样的变化呢?

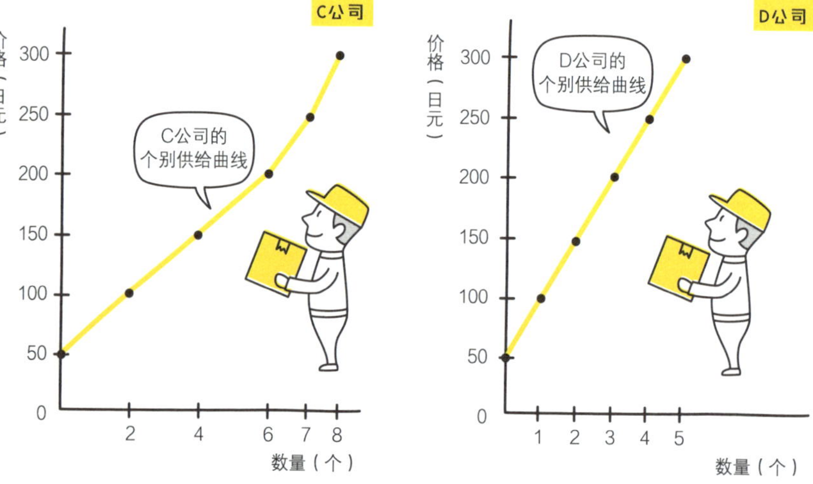

此外，表示包括C公司、D公司在内的所有生产苹果的公司的供给量的曲线被称为市场供给曲线。本章节假设，在市场 [p20] 上只有C公司和D公司有生产苹果的意向和能力。

● 如果苹果的价格发生变化，市场上的供给数量会发生怎样的变化呢?

价格	C公司 ＋	D公司 ＝	市场
300日元	8	5	13
250日元	7	4	11
200日元	6	3	9
150日元	4	2	6
100日元	2	1	3
50日元	0	0	0

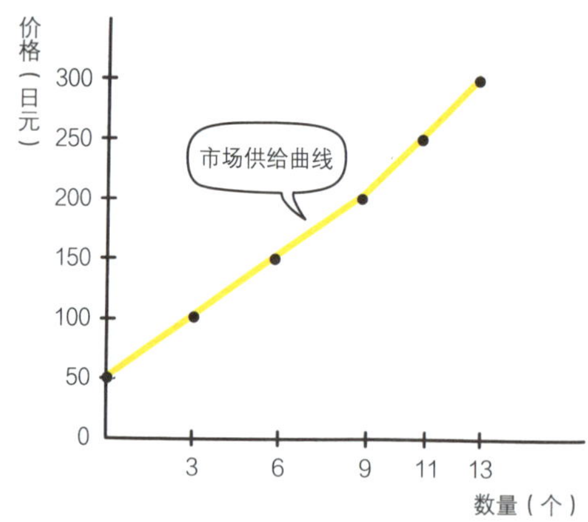

如果价格上涨供给量就会增加，因此供给曲线是向右上方倾斜的。

供求平衡（均衡点）

[Equilibrium of Supply & Demand]

在市场经济中，当商品和服务 [p13] 在市场 [p20] 中的供给量和需求量相一致时，价格 [p100] 稳定。供给曲线和需求曲线的交点为均衡点。

● 苹果的市场需求曲线。

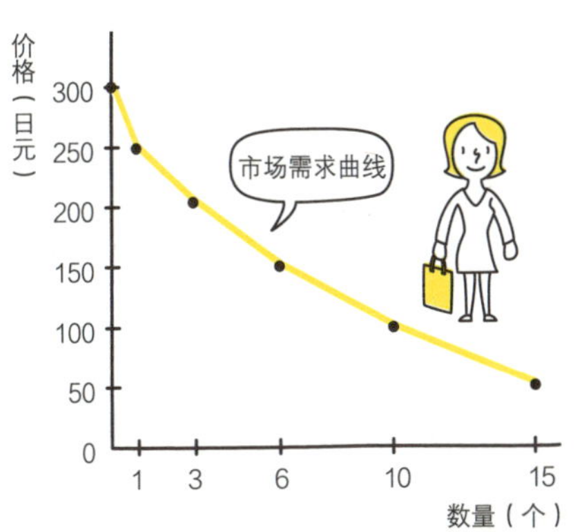

● 苹果的市场供给曲线。

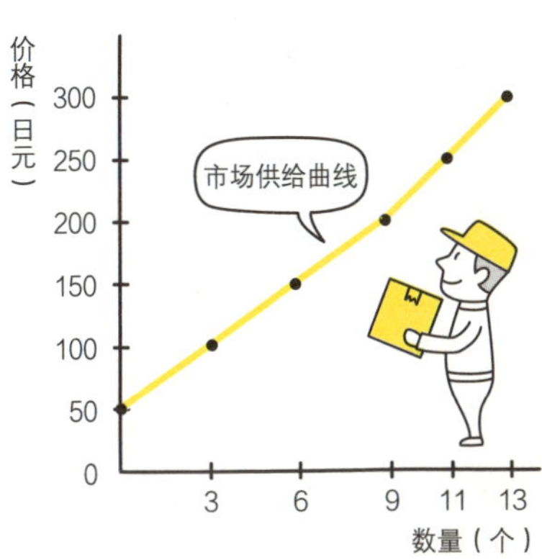

● 当两条曲线重叠时，均衡点如下图箭头所示。

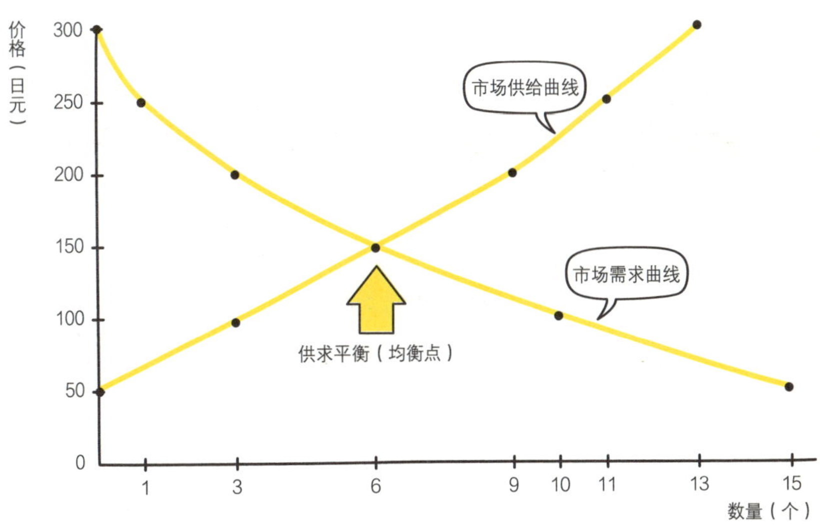

需求弹性 [Demand Elasticity]

需求弹性反映的是需求量相对价格［p100］变化的反应程度。用于研究消费者对价格变化的敏感程度。

● 需求富有弹性。

● 需求缺乏弹性。

● 例如，橘子的需求是富有弹性还是缺乏弹性？

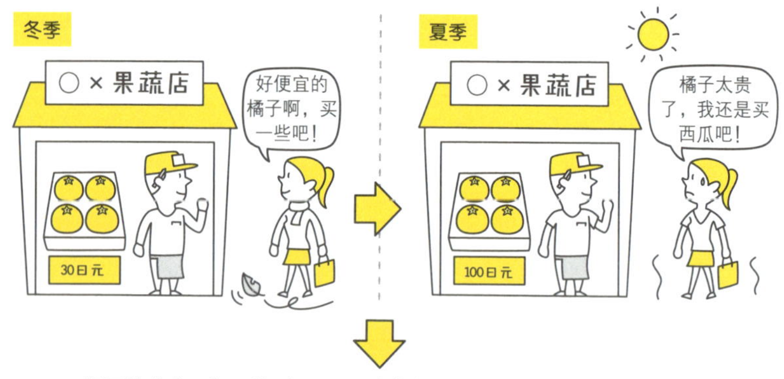

橘子的替代品[p49]很多，因此消费者对它的价格十分敏感

橘子的需求是富有弹性的。

● 例如，食盐的需求是富有弹性还是缺乏弹性？

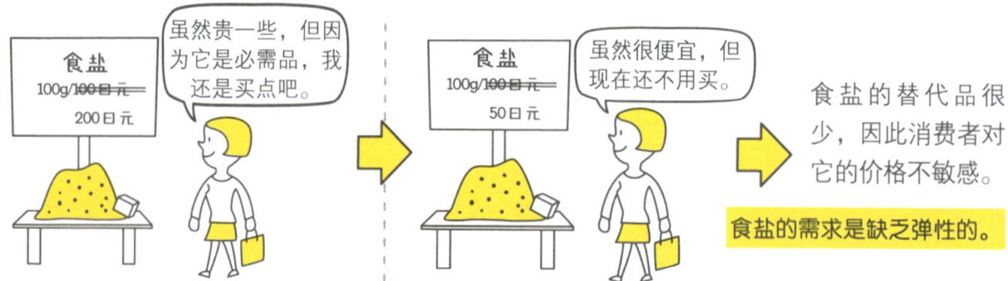

食盐的替代品很少，因此消费者对它的价格不敏感。

食盐的需求是缺乏弹性的。

供给弹性 [Supply Elasticity]

供给弹性反映的是供给量相对价格 [p100] 变化的反应程度。用于研究生产者对价格变化的敏感程度。

● 供给富有弹性。

● 供给缺乏弹性。

● 例如，兼职搬家服务的供给是富有弹性还是缺乏弹性？

对价格反应敏感，供给量（人手）增加。

兼职搬家服务的供给是富有弹性的。

● 例如，白菜的供给是富有弹性还是缺乏弹性？

从播种到收获需要花很长时间，无法轻易增加供给量。

白菜的供给是缺乏弹性的。

单位弹性 [Unit Elastic]

如果需求［p35］变化的百分比恰好等于价格［p100］变化的百分比，那么这种需求就可以被称为单位弹性需求。

上述示例中，人们对面包的需求就是单位弹性需求。

边际效用 [Marginal Utility]

边际效用也译为“界限效用”，所谓边际（或界限）意为“以现在为标准发生了怎样的变化”。通过购买商品和服务［p13］而获得的可用性和满足程度则被称为效用。

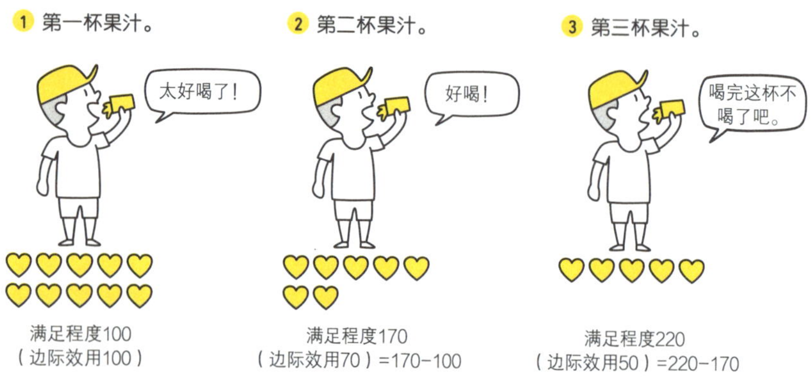

也就是说，每增加一单位某种商品和服务的消费量，所增加的额外的可用性和满足程度被称为边际效用。

边际效用递减规律

[Law of Diminishing Marginal Utility]

指的是每新增一单位消费量所获得的满足程度（边际效用）［p42］逐渐减少的规律。

1 A先生因为口渴想喝橙汁了。

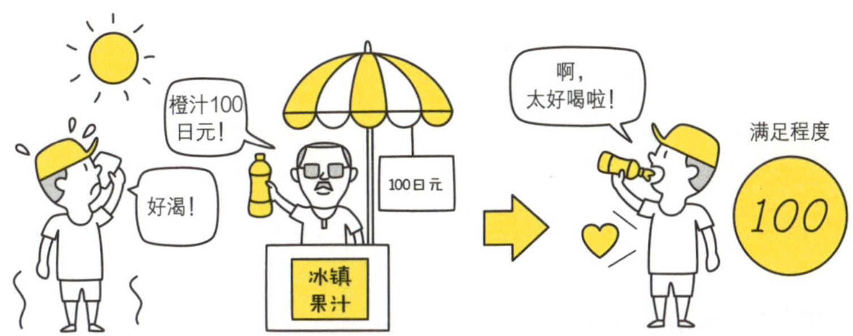

2 A先生喝完了第一瓶橙汁，缓解了干渴，犹豫着要不要买第二瓶……

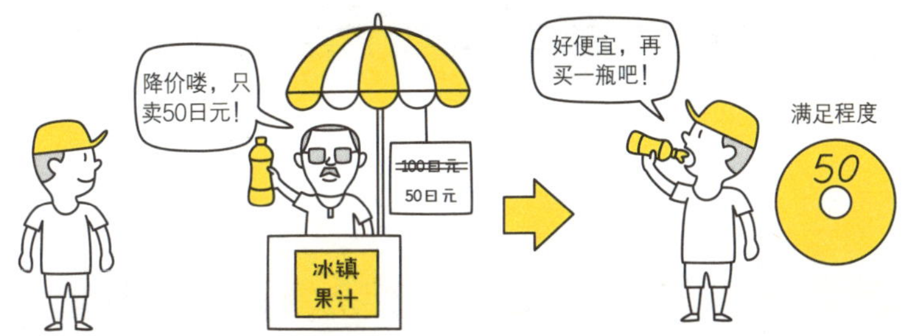

3 在A先生喝完了两瓶橙汁，肚子很饱的时候……

一般而言，只要“边际效用>价格”，消费者就会继续购买商品和服务［p13］，在变为“边际效用=价格”后，就不会再购买商品和服务了。

边际成本［Marginal Cost］

边际成本表示的是企业［p52］每增加一单位的产量时，随之产生的新增成本［p25］。下面我们以冶炼厂为例研究一下边际成本的概念。

1 冶炼的高炉等设备会产生折旧费用［p65］。

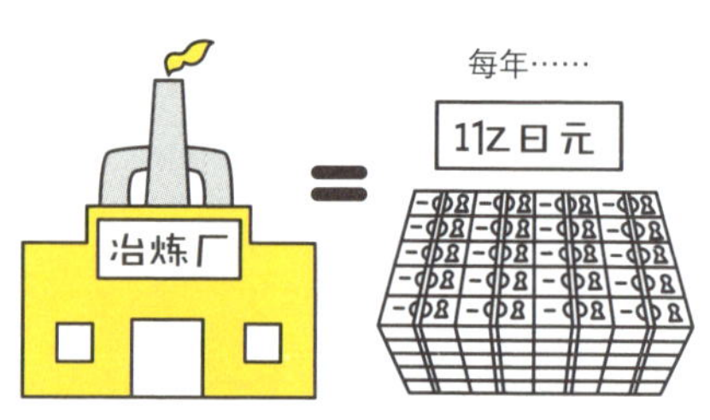

2 另外，还会产生原材料成本。

3 如果炼制两个单位的铁，其成本如下：
1亿日元的设备折旧费与产量无关，这被称为固定成本［p60］。无论炼制两个单位的铁，还是炼制十个单位的铁，产量增加，固定成本不会发生变化。

4 另一方面，随着产量的增加，原材料成本会增加。这被称为变动成本［p61］。也就是说，如果炼制的铁从一个单位增加至两个单位，再从两个单位增加至三个单位的话，每新增一个单位都会产生1000万日元的新增成本。这个成本就叫作边际成本。

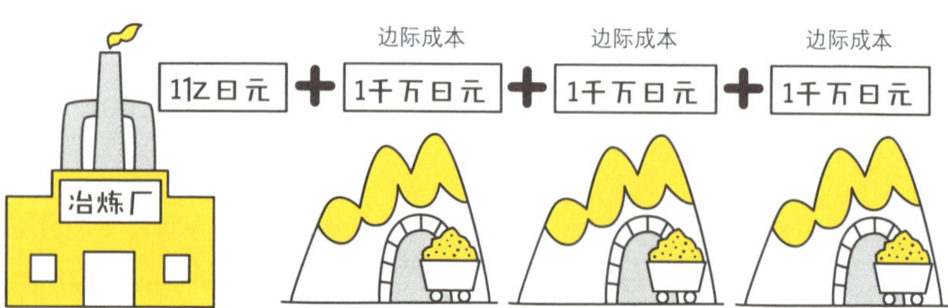

收入效应 [Income Effect]

指的是价格 [p100] 发生变化后，消费者的实际收入也随之改变，因此会对需求量产生一定影响。

1 A先生现在每个月花费1万日元购买20kg大米。

2 如果米价上涨了10%，就必须花费1万1千日元购买20kg大米了。

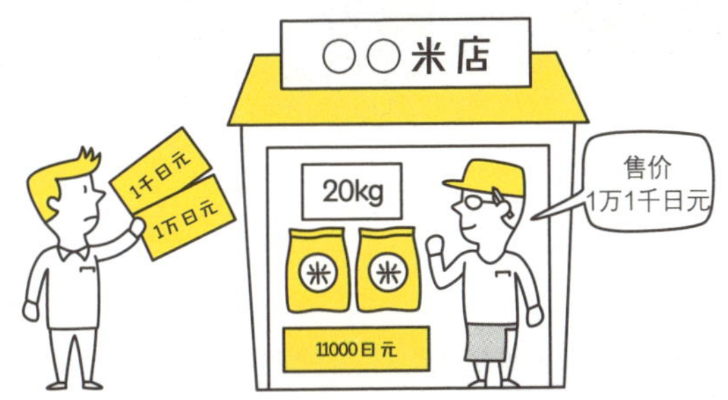

3 如果收入不变，涨价的部分（1000日元）只能通过削减其他支出来抵消。

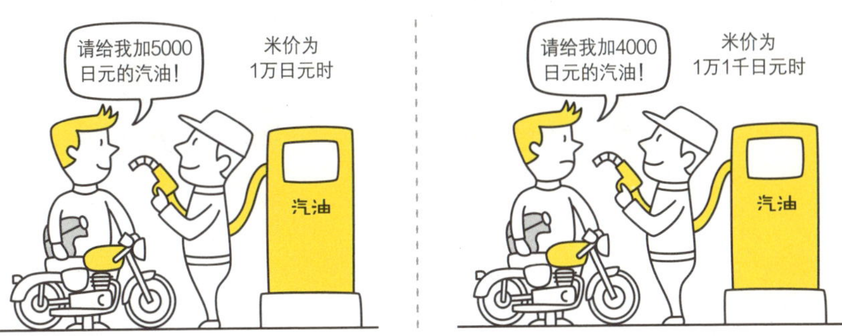

也就是说，随着大米价格的上涨，实际收入减少了1000日元，在其影响下，其他商品和服务（在上述例子中为汽油）的消费（需求）随之减少。

替代效应 [Substitution Effect]

指的是在商品和服务 [p13] 的相对价格 [p100] 发生变化后，商品需求量也随之发生变化。

1 A女士以前每个月会花费1万日元购买20kg大米，但有时米价会上涨10%。

2 虽然米价上涨了，但是面包的价格没有变。于是感觉面包的价格便宜了。

3 其结果是，她决定从1万日元中分出一部分用于购买面包。

随着大米价格的上涨，大米的购买量（需求）也随之减少，进而增加了价格相对低廉的面包的购买量（需求）。这就是替代效应。

正常商品 [Normal Goods]

指的是如果预算和收入 [p143] 增加，购买的可能性就会大幅增加的商品。

1 名牌的衣服、包、鞋子……

2 如果预算和收入增加的话，购买的可能性也会增加。

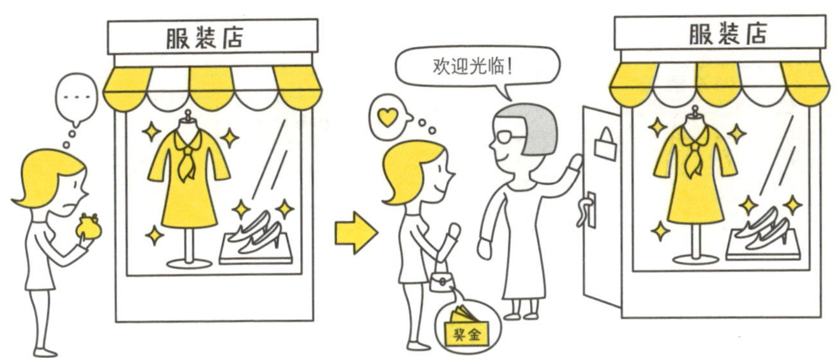

3 因此，随着预算和收入的增加，正常商品的需求量增加，需求曲线 [p37] 也会向更外侧（右侧）迁移。

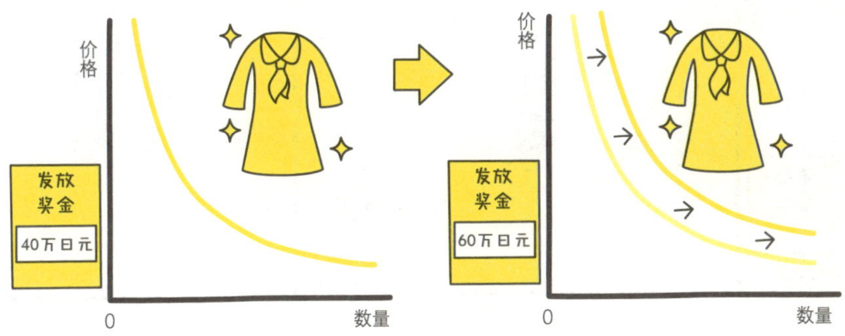

低档商品（劣等商品）［Inferiority Goods］

指的是如果预算和收入［p143］增加，购买的可能性就会大幅减少的商品。

1 二手的名牌衣服、包和鞋子……

2 如果预算和收入增加，购买的可能性也会降低。

3 因此，随着预算和收入的增加，低档商品的需求量随之减少，需求曲线［p37］也向更内侧（左侧）迁移。

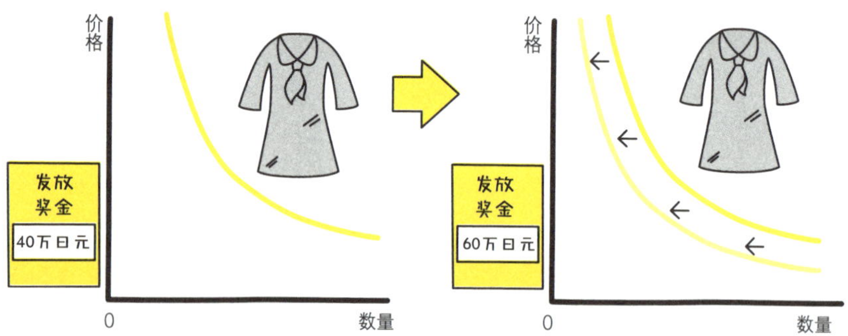

替代品 [Substitute Goods]

两种商品和服务 [p13] 具有相似性质，如果一种商品 [p35] 的需求增加，另一种的需求有随之减少的倾向，它们就会被称为替代品。

1 如果动物黄油价格上涨的话……

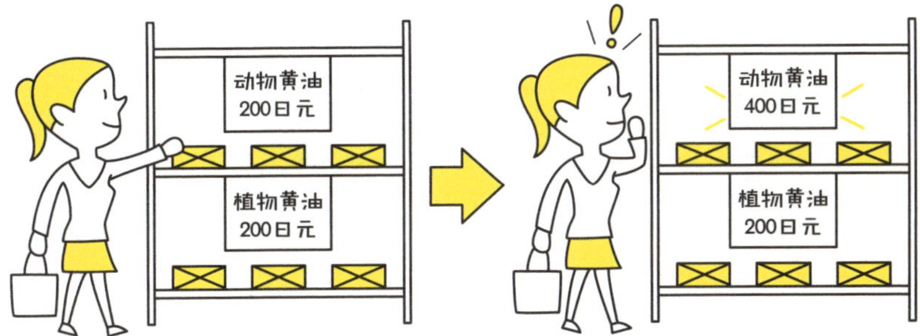

2 人们会减少动物黄油的购买量，开始购买相对便宜的植物黄油。

3 也就是说，动物黄油和植物黄油之间存在着替代关系，因此可以被称为替代品。

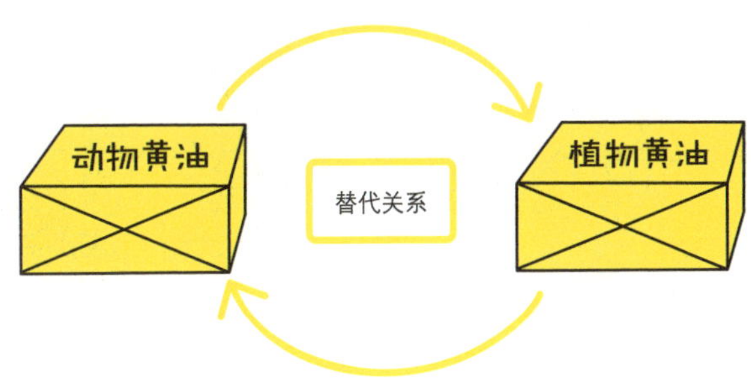

吉芬商品 [Giffen Goods]

指的是随着价格 [p100] 下降（上升），需求 [p35] 反而减少（增加）的一种商品。

英国经济学家罗伯特·吉芬（1837—1910）在19世纪爱尔兰饥荒时发现的一种价格与需求的关系。

1 在一个以土豆为主食的贫穷国家，土豆价格下降，此时土豆的价格相比其他食品更加低廉。

2 因此，该国人民就有意向增加土豆的购买量（需求）（替代效应 [p46] ）。

3 不过，因为土豆的价格下跌，人们有了购买肉和小麦等其他食品的能力（收入效应［p45］），从而增加了价格相对贵一些的食品的购买量（需求）。

4 受替代效应影响，土豆的消费量会增加，而受收入效应影响土豆的消费量会减少，因为收入效应的影响超过了替代效应，所以收入效应和替代效应的效果叠加在一起，总的来看，土豆的消费量减少了。

随着收入的增加，消费量会减少的商品被称为低档商品［p48］，吉芬商品是低档商品的一种。

互补商品 ［Complementary Goods］

指的是两种存在着消费依存关系的商品和服务［p13］，如果一种商品的需求［p35］增加，另一种的需求有随之增加的倾向。

● 电脑和软件是互补产品。

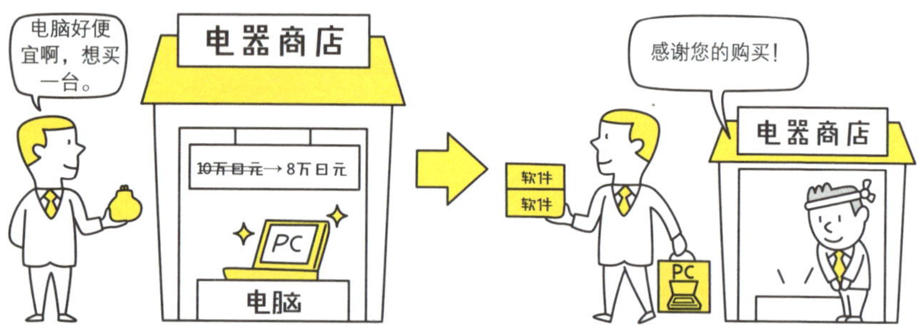

当电脑价格下降后，人们就会考虑购买电脑（需求增加）。

于是，人们在购买电脑的同时也顺带购买了软件（需求增加）。

企业 ［Enterprise］

指的是以盈利为目的，在市场［p20］上进行生产、销售商品和服务［p13］的经济主体［p21］。

边际产量 [Marginal Product]

也称边际产品。指的是对于投入量可以改变的商品和服务［p13］，增加（或减少）一单位投入量所带来的总产量的增加（或减少）。

1 某工厂如果有2个人做衣服，一个月可以生产出10件衣服。

2 将人数增至3人后，一个月可以生产出18件衣服。

3 如上所述，员工从2人增至3人，增加了1人（一单位）后产量从10件变为18件，因此边际产量即为18件-10件=8件。

生产的三个阶段

[Three Stages of Production]

根据边际产量［p53］的变化状况，来决定生产时的最佳投入量。改变投入量后，边际产量也随之发生改变，根据其变化的类型，可以将生产分为：①平均产量递增；②平均产量递减；③发生亏损，共三个阶段。

1 在“平均产量递增”阶段，边际产量呈增加趋势。
随着投入量增加，边际产量也随之不断增加，总产量呈增加状态。

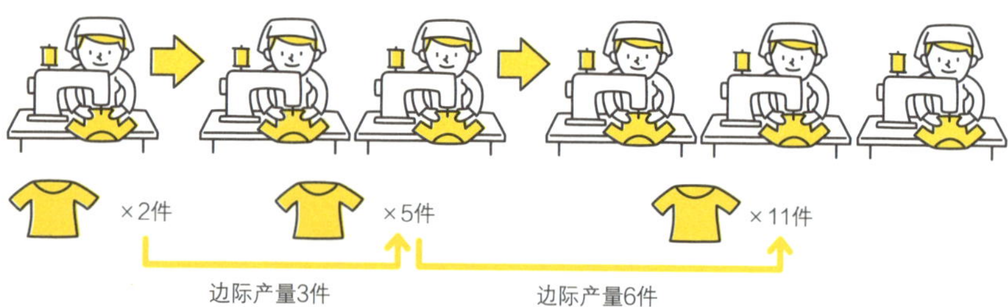

2 因此，企业［p52］会为了增加产量而增加投入量。

3 在“平均产量递减”阶段，边际产量呈减少趋势。每增加一单位的投入量，边际产量随之减少，但总产量仍在增加。

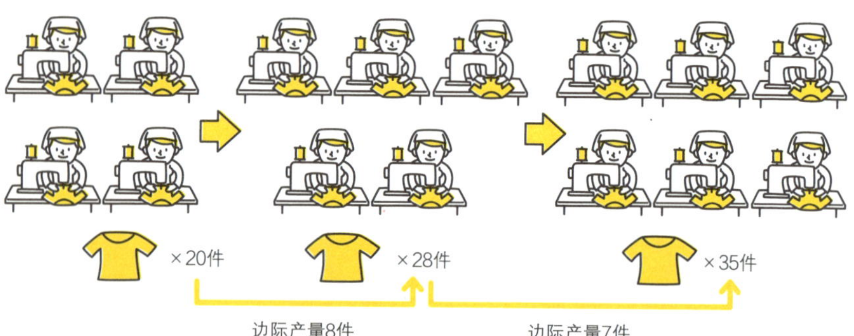

4 换句话说，如果增加投入量的话，产量也会增加，但是增加的速度却呈渐渐减缓的趋势。

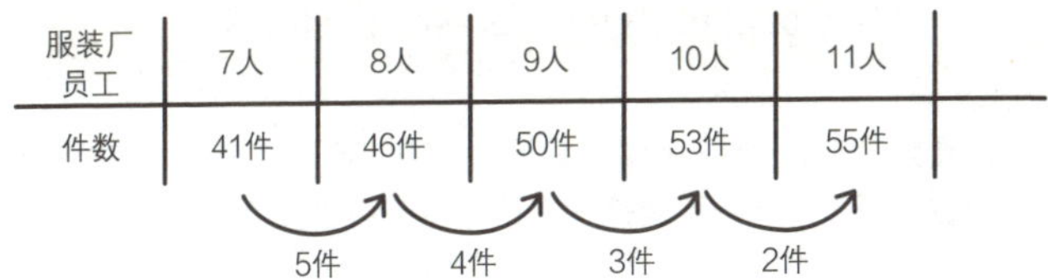

服装厂员工	7人	8人	9人	10人	11人
件数	41件	46件	50件	53件	55件

5 在“发生亏损”阶段，边际产量为负值。增加一单位的投入量后，产量不但没有增加，反而适得其反变成了减少的状态。

6 因为边际产量为负值，所以产量也在逐渐减少。
也就是说，即使增加投入，产量也不会增加反而会减少，陷入这种状态后，企业就不愿再增加投入量了。

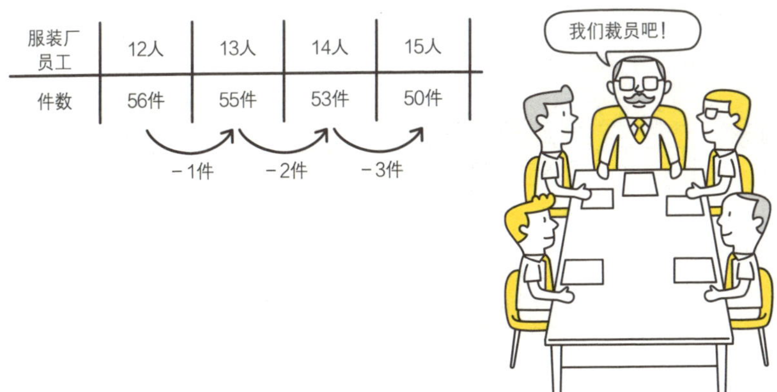

服装厂员工	12人	13人	14人	15人
件数	56件	55件	53件	50件

边际生产力递减规律

[Law of Diminishing Marginal Productivity]

通过增加生产要素［p15］的投入量可以增加产量，不过新增加一单位的投入所带来的增加幅度在逐渐下降，这种规律就是边际生产力递减规律。

1 假设某家印刷厂有1台印刷机。

2 如果只有1名员工，所有的作业都由一个人负责，一天只能印刷100张印刷品。

3 如果员工变成2名，对各个工序进行分工，一天可以印刷300张印刷品。
也就是说增加1名员工（一单位）后，可以多印刷200张印刷品。

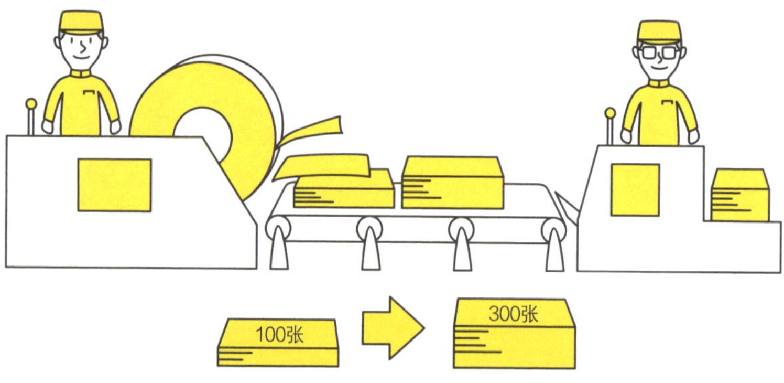

4 如果增员至3人，可以形成完整的分工体系，每天的印刷数量可达600张。也就是说，再增加1名员工（一单位）后，可以多印刷300张印刷品。

5 不过，增员至4人后，因为已经形成完整的分工体系，安排第四个人担任事务性工作。虽然产量有所增加，变成了700张，但是增员1人所带来的新增产量只有100张。

6 接着雇用了第五名员工，让它负责打扫和整理工厂。虽然提高了效率，产量增至750张，但增员1人（一单位）带来的增幅下降到了50张。

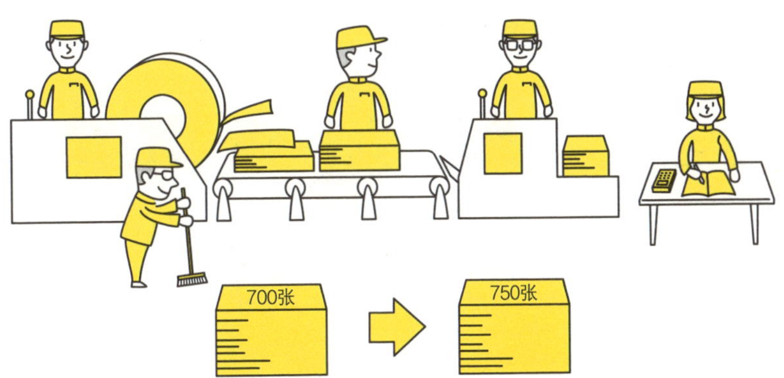

边际生产力递减规律指的是，增员到第四人、第五人后，虽然产量有所增加，但可以看出增加幅度在逐渐变小的现象。

生产函数 [Production Function]

表示在其他投入量一定的条件下，某个投入量与产量变化之间的关系。

增加1名员工，产量增加3件。

边际分析 [Marginal Analysis]

边际分析是成本效益分析的一种，指的是将增加一单位投入量所带来的追加利润与成本相比较的一种分析方法。它应用的并非取平均值或计算增长率等分析方法，而是着眼于一单位的变化进行分析。

● 假设面包店每次增加1名（一单位）面包师。

通过增加1个人，销售面包所获得的利润和成本会有怎样的变化呢?

成本曲线 [Cost Curve]

表示企业 [p52] 的产量与生产成本之间关系的曲线。可以用成本函数来表示两者之间的关系。

● 例如，如果面包公司增加了产量，生产成本的增加如下表。

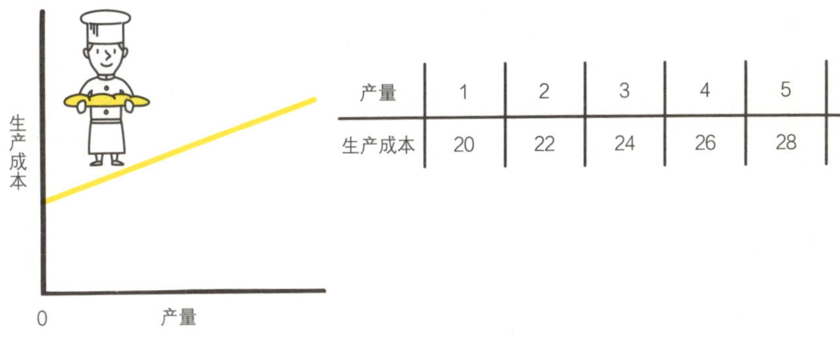

产量	1	2	3	4	5
生产成本	20	22	24	26	28

总成本 [Total Cost]

指的是固定成本 [p60] 和变动成本 [p61] 之和。

● 例如，冶炼厂的总成本如下所示。

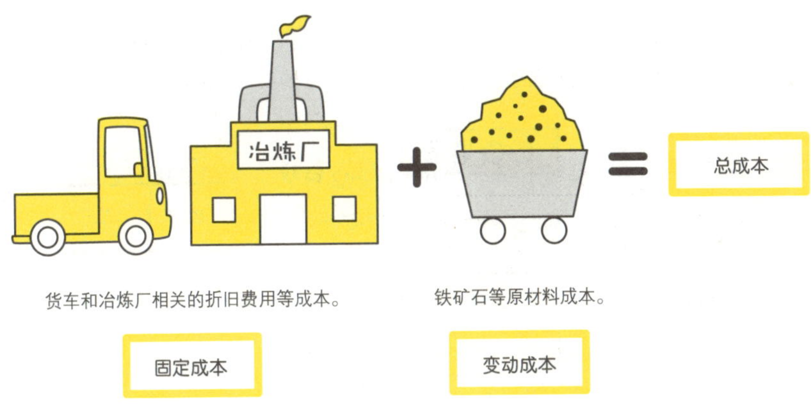

固定成本 [Fixed Cost]

指的是不随产量变化而变化，一定会产生的成本。

1 例如，即使销售额大幅下降，公司也不会突然裁员（正式员工）。因此，一般认为人工成本是固定成本。

2 此外，工厂或公司的设备、车辆、建筑物等花费也是固定成本。因为可以长期使用，所以可以将其计入一段时间的成本内。

例如，假设把建筑物的购买成本按50年分摊（折旧），那么每年都会计入一定数额的成本，这被称为折旧费用［p65］，是固定成本的突出代表。

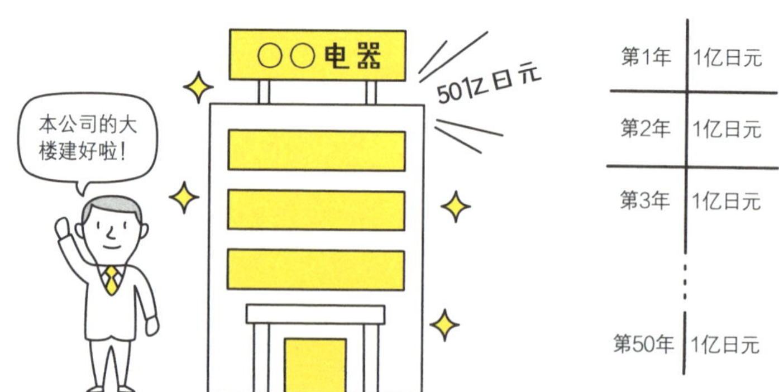

变动成本 [Variable Cost]

指的是随着产量的变动而成比例变动的成本。

1 例如，钢铁的原料是铁矿石，它的投入量会随着钢铁产量变动而成比例变动。

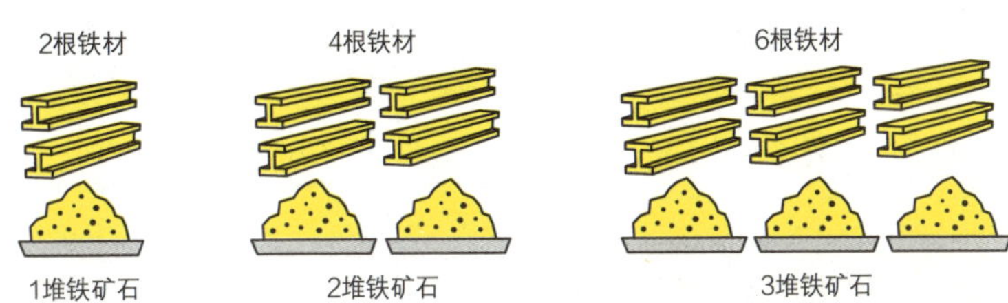

2 如果增加钢铁产量，原料的采购成本也会成比例增加。

3 另外，运送钢铁的运费也会成比例增加。

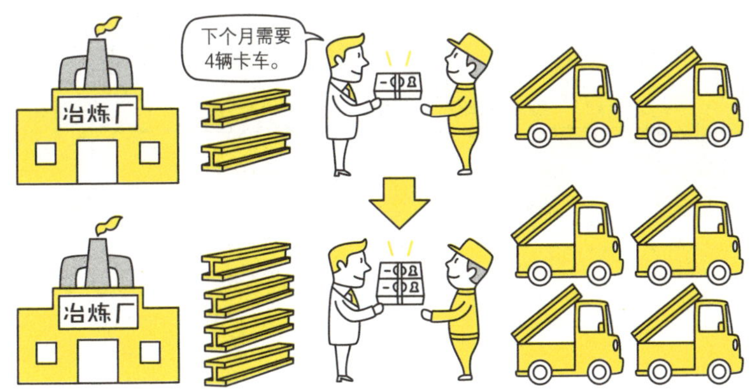

总收益 [Total Revenue]

某企业 [p52] 销售的产品或商品，一单位的价格 [p100] 乘以销量得到的总和，即销售额。

● 例如，假设有一家面包店出售各种类型的面包。

商品名称	价格 ×	销量 =	合计
夹馅面包	100日元	100个	10000日元
主食面包	150日元	200个	30000日元
咖喱面包	150日元	80个	12000日元
果酱面包	120日元	150个	18000日元
		总收益	70000日元

边际收益 [Marginal Revenue]

指的是增加一单位的产量所引起的总收益（销售额）的增加量。

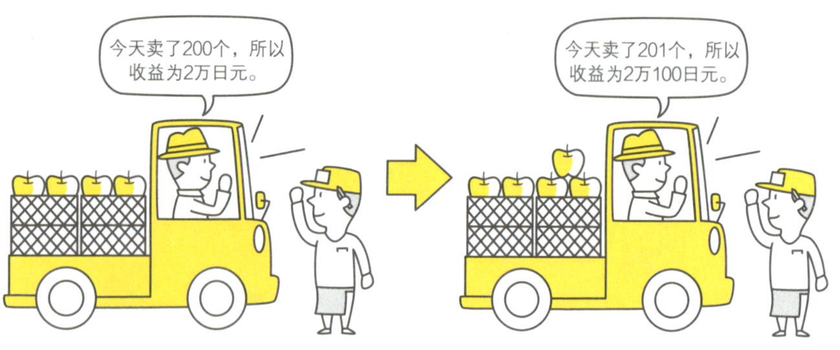

这种情况下，边际收益为100日元。

盈亏平衡点 [Break-even Point]

企业 [p52] 的全部销售收入等于总成本时的总产量（数额）。计算公式如下所示。

1 总销售额、成本与利润之间的关系。

（固定成本+变动成本）

2 这个公式可做如下变形。

总销售额-固定成本-变动成本=利润

总销售额-变动成本=利润+固定成本

=边际利润

（利润+固定成本即为边际利润）

3 盈亏平衡点，如字面意思，指的是盈亏为零的时候，因此，假设利润=0并将其代入以上计算公式，可知如下面的状况时即为盈亏平衡点。

固定成本=边际利润

因此，盈亏平衡点指的是在收回变动成本 [p61] 的基础上，还可以收回固定成本 [p60]，也就是说可以收回总成本所需要的总产量（数额），该标准下的总销售额被称为盈亏平衡点销售额。

可变比例规律

[Law of Variable Proportions]

指的是在其他条件一定的情况下，如果改变某种商品和服务［p13］的投入量，产量也会发生变化。

1 某个农场主有一块卷心菜田，他想要提高卷心菜的产量，所以决定使用农药。

2 该农场共有三个区域，如下所示，所有区域的四个条件都是相同的。

①土地：阳光、土壤、排水。

②天气：生长期的天气。

③作业：人工照管的条件。

④卷心菜种子：同一品种。

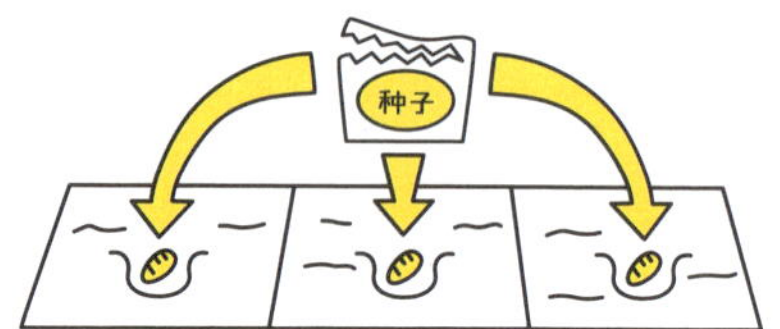

3 如果在培育过程中改变三个区域中的农药用量，通过观察卷心菜的产量变化情况，就可以测试农药的使用效果。

折旧费用

[Depreciation]

指的是建筑物和机械设备等企业［p52］长期使用的资产，并不会根据其购买时间（年度）一次性计入当期成本费用，而是根据其价值［p16］的减少状况分期计入成本。

① 一般而言，原材料和人工成本都会被计入当期（年度）成本费用。

20××年度	
原材料成本	2000万日元
人工成本	1000万日元
……	……

② 但是建筑物的情况却完全不同。例如，A公司耗资50亿日元修建了本公司大楼。使用年限为50年，就需要采用每年等额分摊的方法（定额法）计入成本。

因此，A公司每年需要将1亿日元（50亿日元÷50年=1亿日元）以折旧费用的形式计入成本。

2016年	1亿日元
2017年	1亿日元
2018年	1亿日元
……	……
2066年	1亿日元

实际产生的折旧费用会根据资产的使用年限按照一定规律计入成本。另外，虽然会计上称其为折旧费用，不过在宏观经济学［p30］中也称其为固定资产折旧。

利润最大化［Maximization of Profit］

当边际收益［p62］等于边际成本［p44］时，可以实现利润（或收益）最大化。

1 假设有一个果农以100日元1个的价格出售苹果，也就是说，边际收益为100日元。

2 有时，为了增加苹果的收获量，果农会雇用临时工帮忙采摘。由于延长了工作时间，因此会产生额外的加班费用。

3 因此，这种情况下的苹果的收获量、销售额、成本、利润和边际成本如下所示：

收获量	销售额	− 成本	= 利润	边际成本
200个	2万日元	1万4000日元	6000日元	
300个	3万日元	1万6000日元	1万4000日元	20日元
400个	4万日元	1万9000日元	2万1000日元	30日元
500个	5万日元	2万4000日元	2万6000日元	50日元
600个	6万日元	3万4000日元	2万6000日元	100日元
700个	7万日元	4万5000日元	2万5000日元	110日元

※销售额=1个100日元（边际收益）×个数

※边际成本=1个苹果的新增成本（如果从200个增至300，增量为100个，成本从1万4000日元变成1万6000日元，增加了2000日元。每个苹果的新增成本为2000日元÷100个=20日元，也就是说边际成本为20日元。）

4 从这张表上我们可以知道卖多少个苹果利润最大。
答案是600个（或500个）。

5 如果想要采摘超过600个苹果，还需要支付夜班补贴等。成本的增幅大于销售额的增幅，导致利润反而会减少。

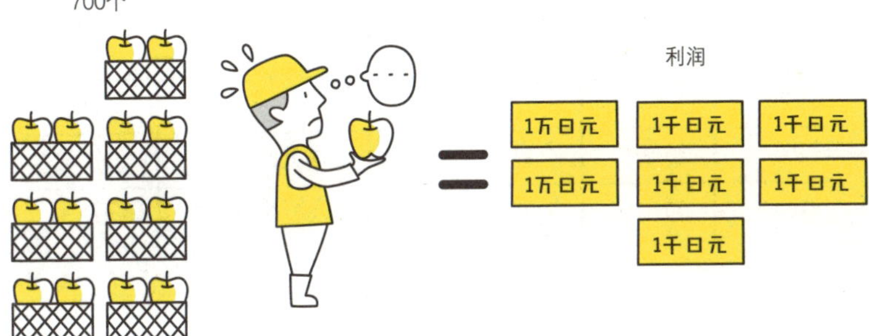

6 因此，如果要实现利润最大化，需要增产至边际收益=边际成本为止。

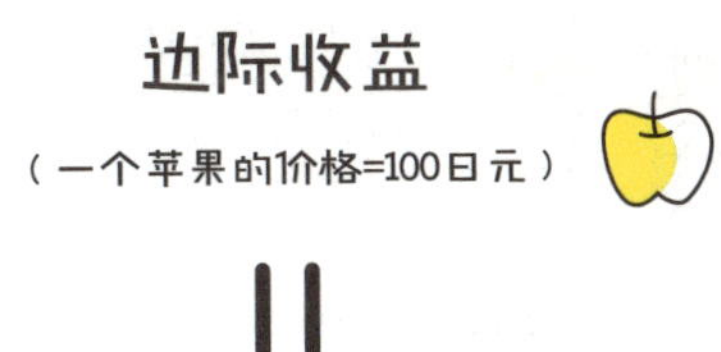

边际成本

（3万4000日元-2万4000日元）÷（600个-500个）=100日元

利润最大化产量
[Profit-maxing Quantity of Output]

当边际收益 [p62] 等于边际成本 [p44] 时可以实现利润最大化。那时的产量被称为利润最大化产量。

1 我们以利润最大化 [p66] 章节中的果农的图表为例，观察一下利润最大化产量是在哪里产生的?

收获量	销售额 −	成本 =	利润	边际成本
200个	2万日元	1万4000日元	6000日元	
300个	3万日元	1万6000日元	1万4000日元	20日元
400个	4万日元	1万9000日元	2万1000日元	30日元
500个	5万日元	2万4000日元	2万6000日元	50日元
600个	6万日元	3万4000日元	2万6000日元	100日元
700个	7万日元	4万5000日元	2万5000日元	110日元

2 当收获量为500个时，边际收益为100日元，边际成本为50日元，两者数额不等。

3 当收获量为700个时，边际收益为100日元，边际成本为110日元，两者数额也不相等。

因此，只有在收获量为600个的时候可以实现利润最大化。

价格接受者 [Price Taker]

指的是接受市场 [p20] 决定的价格 [p100] ，并根据此价格进行买卖的生产者和消费者。

① 生产者和消费者的数量众多。

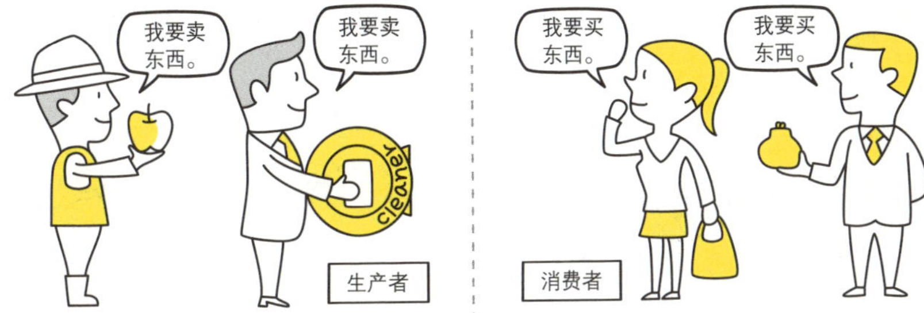

② 每个生产者和消费者都不会自己定价。例如，买方不可以向卖方砍价。

③ 也不允许卖方向买方只提供一个价格，如“只卖 × × 日元”的行为。
价格接受者指的是完全竞争市场 [p70] 的参与者。

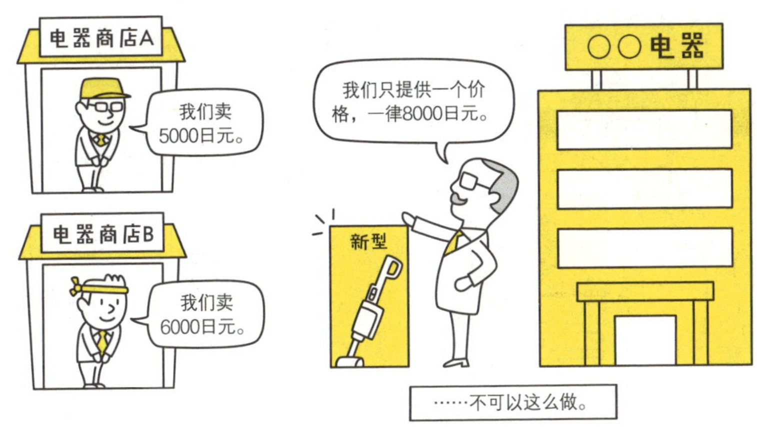

完全竞争市场

[Perfectly Competitive Market]

指的是由数量众多的买方和卖方组成，可以进行自由竞争的市场［p20］，需满足以下五个条件。

1 买方和卖方数量众多，没有某个特定的人，拥有巨大的影响力。

2 买方想要购买以及卖方想要出售的商品和服务［p13］都是同质的。

3 买方和卖方都掌握着商品和服务及其价格的一切信息。
不会因为信息不畅而不小心购买了同样的商品和服务中价格更贵的那一种。

4 买方会为了买到优质的商品和服务而采取行动，而卖方也会想方设法地推销自己的商品和服务，双方各自独立行动。买卖双方不会因为家人或朋友等私人关系而影响各自的行为。

5 任何人都可以自由地进入和退出市场。

生产者剩余 [Producer Surplus]

指的是某商品的实际价格 [p100] 与生产者的最低供给价格的差额。此处的实际价格指的是市场 [p20] 价格。

1 如果一个果农把他的苹果带到农产品市场，实际上消费者愿意以每个100日元的价格购买，那么100日元就是苹果的市场价格。

2 所谓生产者的最低供给价格，指的是生产苹果所需的成本。换言之，就是种植苹果树、采摘苹果所需人工成本以及肥料成本等加起来的总成本。

3 假设每个苹果的成本是60日元。如果能以60日元以上的价格出售的话，苹果的生产者就会考虑销售。那么，生产者剩余如下所示。

100日元－60日元＝40日元
（市场价格）（成本）（生产者剩余）

也就是说，从生产者得到的收益中减去生产者花费的成本后即为生产者剩余。

消费者剩余 [Consumer Surplus]

消费者剩余指消费者对于某种商品愿意支付的最高价格 [p100] 与实际价格的差额。

1 有个人想要购买苹果，如果1个苹果的价格为150日元的话，她就会考虑购买。

2 如果去店内看到的苹果价格为110日元的话，那么110日元即为市场价格。也就是说，两者之间的差额，150日元-110日元=40日元就是消费者剩余。

3 所谓的消费者剩余指的是，因为实际价格比消费者愿意支付的最高价格更便宜，而让消费者感觉占到便宜的金额。

社会剩余 [Social Surplus]

指的是市场 [p20] 上所有的生产者剩余 [p72] 与消费者剩余 [p73] 的总和。即全社会的总剩余。

- 社会剩余指的并非一个生产者或一个消费者的剩余，它是所有生产者的总剩余与消费者的总剩余之和。

不完全竞争 [Imperfect Competition]

指的是构成完全竞争市场 [p70] 的五个条件缺少任意一个的状况。完全竞争的条件很难全部具备。不完全竞争分为完全垄断 [p85] 、寡头垄断 [p85] 、垄断竞争 [p86] 三种。

资源分配［Allocation of Resources］

由于资源是有限的，因此必须分配后再使用，这个过程就叫作资源分配。

1 经济学就是研究如何合理利用如土地、资本、劳动力和企业家等稀缺的生产要素［p15］，生产合适数量的商品的学问。

2 在自由主义经济中，资源分配是通过市场［p20］来完成的。例如，如果某种商品和服务［p13］的需求较高，很多人有购买意向，价格就会随之上涨，这样一来有购买能力的人数会减少，同时有销售意向的人数开始增加，资源就会得到合理分配。

3 另一方面，如果需求较少的话，价格就会下降，进而促使市场中发生与上述过程相反的动向进行资源分配。

在市场中，在价格［p100］信号的作用下一直进行着如上所述的资源分配。

帕累托最优 [Pareto Optimum]

帕累托最优是微观经济学［p30］中有关资源分配［p75］的一个概念。指的是在分配某种有限的资源时，实现了社会整体利润最大化的理想状态。

意大利经济学家、社会学家维弗雷多·帕累托（1848—1923）提出的概念。

1 假设世界上只有6个苹果，有2个想要苹果的人。

2 将6个苹果分给A女士2个、B先生2个的分配方式并非帕累托最优。因为A女士和B先生都还可以在不牺牲任何一方利益的情况下增加份额。

3 于是，最终A女士分到了3个，B先生也分到了3个。如果想继续增加满足程度（想要4个），就必须通过减少对方的份额来增加自己的份额。因此，A女士和B先生各分3个苹果可称之为帕累托最优。

也就是说，帕累托最优指的是如果不牺牲其他人的效用［p18］或满足程度，就无法提高自己的效用或满足程度的一种状态。

经济租金 [Rent]

又称“超额利润”。在不完全竞争的状态下，有时可以比完全竞争市场 [p70] 获得更多利润，其超过完全竞争市场的那部分利润即为超额利润。

1 一般而言，技术水平相同的人，使用同样的材料和生产设备生产出来的产品，通过销售获得的利润也是相同的。

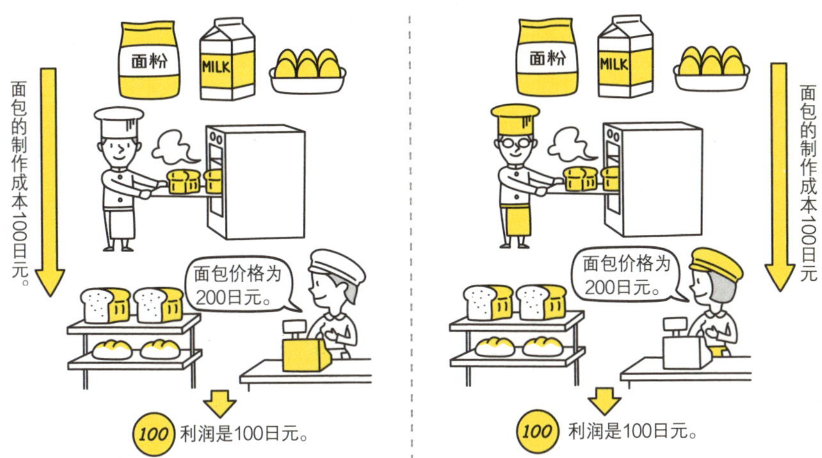

2 但是，如果是在非完全竞争市场下，就会存在垄断和限制。
由于产品处于不完全竞争状态，因此可以通过减少供给，实现高价出售。

3 因此，有时产品可以比在完全竞争的条件下获得更多的利润。

完全竞争市场 → 利润100日元
不完全竞争市场 → 利润900日元
} 超额利润 = 经济租金

洛伦兹曲线 [Lorenz Curve]

指的是表示收入[p143]或储蓄之间差距的曲线。

因其由美国经济学家马克斯·洛伦兹（1876—1959）提出而得名。

1 在表示收入差距时，需要先将家庭按照收入从低到高的顺序排列。横轴为家庭累积百分比，纵轴为收入累积百分比，将家庭间的收入分布情况图表化。

2 按照从低到高的顺序，如果收入最低的20%的家庭的收入占全社会总收入的10%，那么在横轴的20%与纵轴10%相交处画上一点。

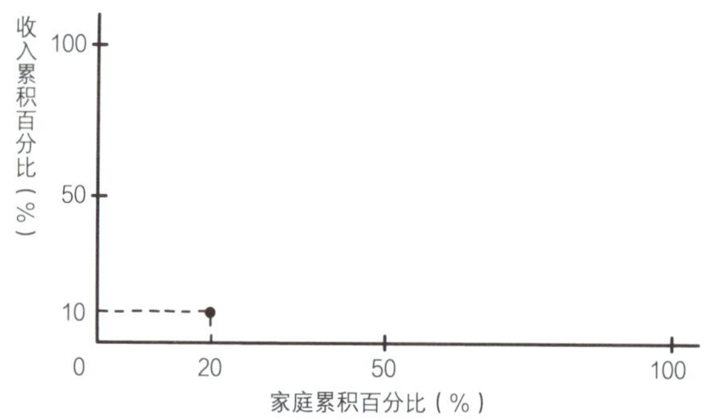

3 以此类推，如果收入最低的30%的人口的收入占社会总收入的20%，那么在横轴的30%与纵轴20%相交处画上一点。

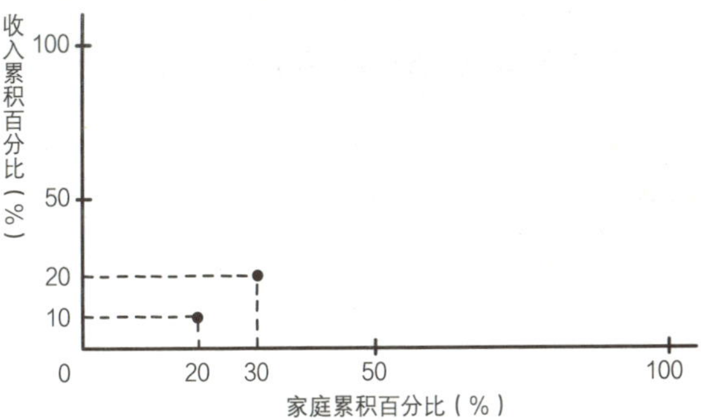

4 按照上述方法，依次将数据输入到图表内直至100%，这样洛伦兹曲线就完成了。

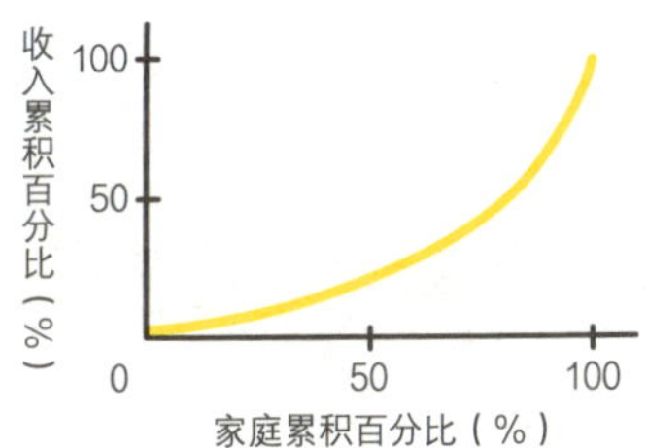

5 如果该地区不存在收入差距，所有的家庭收入相同的话，洛伦兹曲线就是一条呈45°的直线。

6 如果收入和财富的分布不均衡，洛伦兹曲线就会向下方弯曲。

基尼系数 [Gini Coefficient]

基尼系数是衡量收入 [p143] 或资产分配差异程度的指标之一。

因其由意大利统计学家科拉多·基尼（1884—1965）提出而得名。

1 利用洛伦兹曲线 [p78] 会计算得出一个0～1的数值，也就是基尼系数。数值越小，收入或资产的分配越趋向平等。如果基尼系数为0，则表示大多数人的收入或资产是完全平等的。

2 与之相反，收入或资产的分配越不平等，数值就越趋近于1。如果基尼系数为1，则表示所有的收入或资产都被一个人独占了。

基尼系数数值的大小是用于衡量收入分配不平等程度的指标。经济合作与发展组织（OECD）会通过比较各国的基尼系数，来衡量世界各国的收入差距。

价格制定者［Price Maker］

指的是可以制定最大限度保障自身利益的价格［p100］的卖方。价格制定者是存在于不完全竞争［p74］状态下的经济主体［p21］。

1 例如，名牌鞋子等。购买意大利或法国等顶级名牌鞋子的女性，可能会因为对时尚、设计以及名牌的向往而产生购买意向。

2 在对比了各种鞋子的价格后，她们不会因为便宜而购买某个顶级品牌的鞋子。

3 如果她们决定购买的话，那双鞋无论是10万日元、15万日元还是50万日元，她们都会按照卖方制定的价格购入。这种卖方就叫作价格制定者。

价格领导者 ［Price Leader］

指的是在寡头垄断［p85］的行业中，有能力决定某种产品市场价格的企业［p52］。

1 例如，假设橙汁行业中有5家存在着竞争关系的企业。

2 A公司是这个行业中销售额最高的企业，该公司的橙汁售价为1瓶200日元。

3 B公司位列销售额排行榜第二名，橙汁售价为1瓶198日元。
C公司位列销售额排行榜第三名，橙汁售价为1瓶197日元。

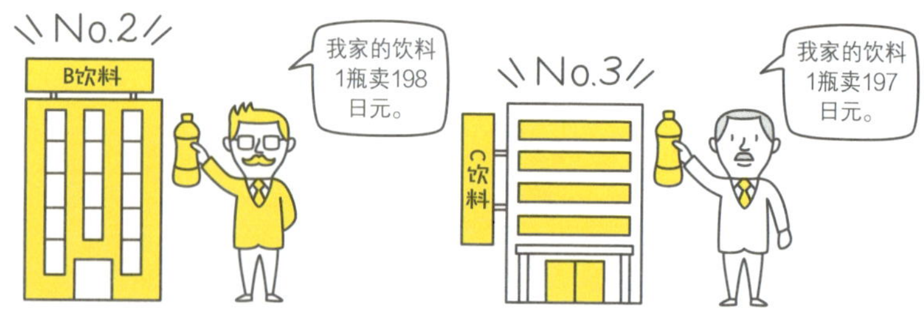

4 这个行业的价格领导者是A公司，B公司和C公司会根据A公司的价格来制定价格。

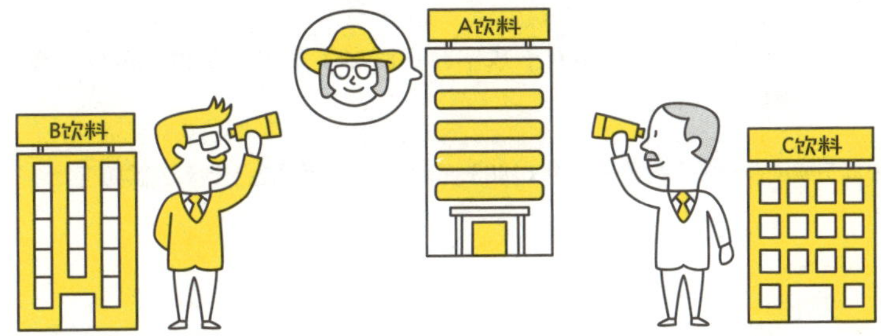

5 B公司和C公司的定价很难超过A公司。

6 此外，B公司和C公司也很难通过降价来争夺A公司的市场份额。因此，他们只能根据A公司的价格来制定价格。

因为价格领导者的价格对整个行业拥有巨大的影响力，因此，价格领导者以外的竞争企业都倾向于跟随它的价格。

勒纳垄断势力度（勒纳指数）

[Degree of Monopoly]

指的是衡量价格［p100］相对于成本而言超出了多少，获得了多少超额利润［p77］的指标。

1 因其由美国经济学家阿贝·勒纳（1903—1982）提出而闻名，计算公式如下。

勒纳垄断势力度＝（1价格-边际成本）÷1价格
（勒纳指数）

2 如利润最大化［p66］章节所述，在完全竞争［p70］条件下，企业如果想要追求利润最大化，就会选择产品价格=边际成本［p44］时的产量。

	收获量	销售额 −	成本 =	利润	边际成本
产品的价格 1个100日元	400个	4万日元	1万9000日元	2万1000日元	30日元
	500个	5万日元	2万4000日元	2万6000日元	50日元
	600个	6万日元	3万4000日元	2万6000日元	100日元
	700个	7万日元	4万5000日元	2万5000日元	110日元

3 不过，如果有可以控制市场价格的垄断［p85］企业，他们就会为了抬高价格而缩减供给量，以获取超额利润（价格-边际成本=超额利润）。

· 假设只有1家生产电脑的公司，那么消费者只能选择这家公司的电脑。

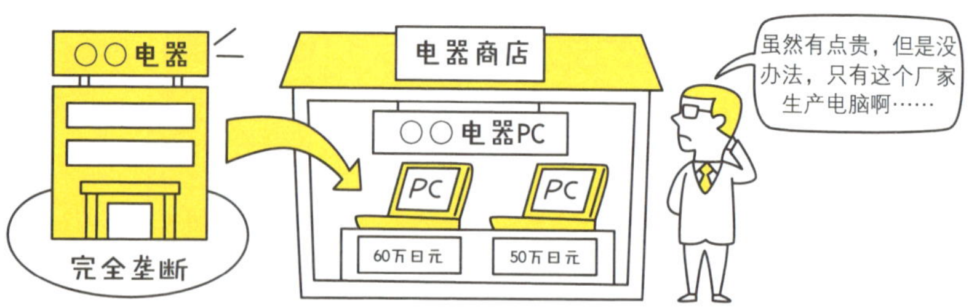

勒纳垄断势力度越高，说明垄断企业的价格支配能力越强，反之，如果勒纳垄断势力度趋近于0，就意味着趋近于完全竞争市场。

完全垄断 [Monopoly]

指的是由一个卖方决定整个市场动向的市场状态。因为没有竞争对手，所以垄断企业可以自行决定价格 [p100] 和产量，以实现本公司利润的最大化。

日本的电力行业可以作为区域型完全垄断的代表性示例。
（注：2016年4月起已全面允许新电力公司参与市场。）

寡头垄断 [Oligopoly]

指的是少数几家大型企业对该行业有巨大影响力的市场状态。他们之间有相互合作以谋求利润最大化的倾向。

日本的衣物合成洗涤剂行业就是寡头垄断市场的代表性示例。
这个行业中，主要有3家公司共同瓜分市场份额。

价格 [p100] 不在需求与供给 [p34] 的均衡点上，而是维持在较高的水平，很难降价（价格刚性），因此，在寡头市场中，很少存在价格竞争，更多的是设计、品质、性能、广告宣传和售后服务等非价格竞争。

垄断竞争 [Monopolistic Competition]

在完全竞争［p70］的市场环境中，是以消费者购买的产品的同质性为前提的，但垄断竞争指的是在不满足生产这种相同商品的条件下进行的一种竞争。

1 在完全竞争市场中，商品完全相同，因此在发生竞争时，价格越便宜需求越多。

2 不过在垄断竞争市场中，不只是价格，还会通过商品的差异化来刺激需求。商品的差异化分为两种，一种是有实质性差别的产品。例如，以下面的运动服为例。

· 很多公司都在销售运动服……

· A运动公司的差异化战略如下所述：

如上所述，A运动公司通过推出性能和品质区别于其他公司的产品，来吸引顾客。

3 另一种商品的差异化是印象差别，指的是让买方产生产品性质不同的印象。我们以下面的咖啡店为例来思考一下。

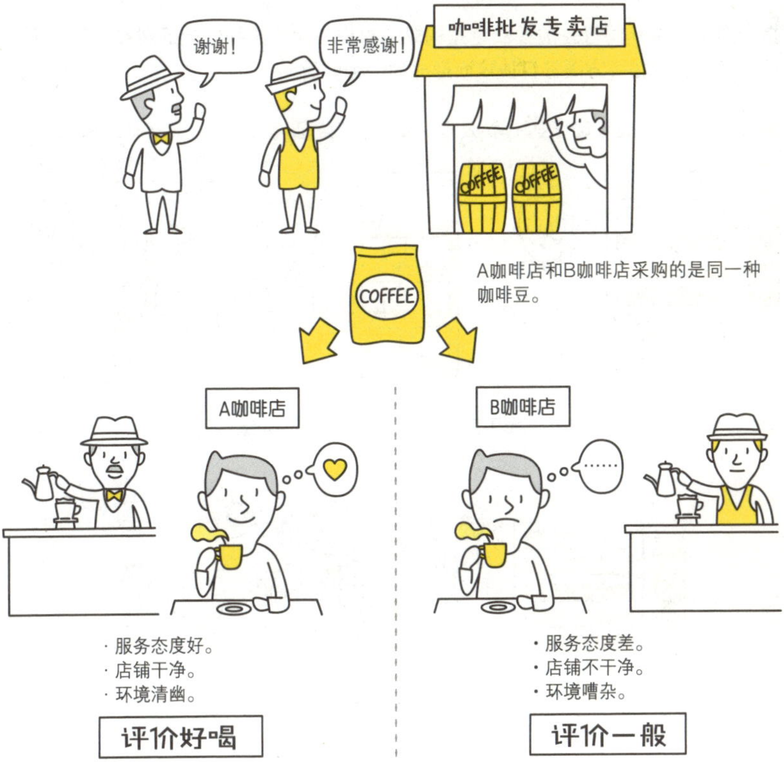

谢谢！
非常感谢！
咖啡批发专卖店
COFFEE
COFFEE
COFFEE
A咖啡店和B咖啡店采购的是同一种咖啡豆。
A咖啡店
B咖啡店
……
·服务态度好。
·店铺干净。
·环境清幽。
评价好喝
·服务态度差。
·店铺不干净。
·环境嘈杂。
评价一般

4 除了品质和服务方面，专利、商标、设计、广告等也是产品差异化形成的因素。

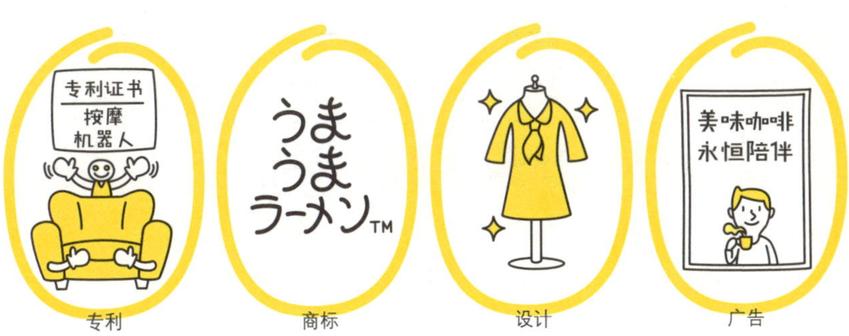

专利证书
按摩
机器人
うま
うま
ラーメン™
美味咖啡
永恒陪伴
专利
商标
设计
广告

也就是说，垄断竞争指的是通过商品差异化等战略，达到某种程度的垄断能力的竞争。

卡特尔［Cartel］

指的是由一系列同行业的独立企业构成的组织。为了维护彼此的利益，他们在售价、产量、销售等方面签订协议而形成的一种同盟。

1 例如，假设门窗玻璃行业共有A公司、B公司、C公司3家企业。

2 这3家公司为了抬高售价，私下商定每块玻璃的售价不得低于1万日元。

3 像这种为了确保利润，相互商定不得随意降低价格的情况，就会形成卡特尔模式。卡特尔限制了自由竞争，造成消费者不得不以高价购买门窗玻璃。

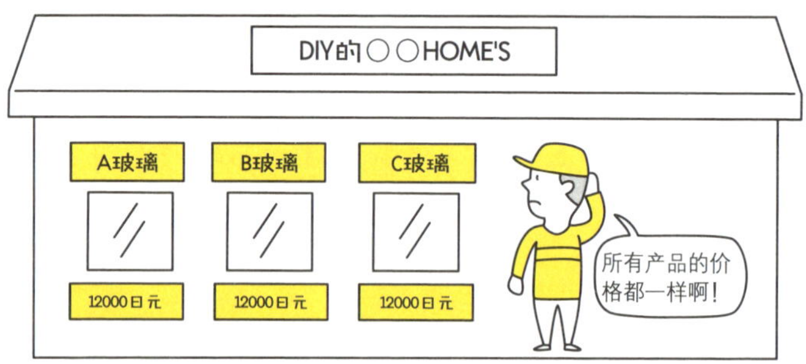

原则上，这种卡特尔在《反垄断法》［p92］中是被禁止的。

市场失灵［Market Failure］

如果想要通过价格［p100］的调节职能，进行有效的资源分配［p75］，需要满足四个必要条件。如果以下四个条件中的任何一个得不到满足，就叫作“市场失灵”。

1 市场为完全竞争市场，也就是说，并非完全垄断市场或寡头垄断市场等不完全竞争市场。

2 卖方和买方都掌握着必要的市场信息。

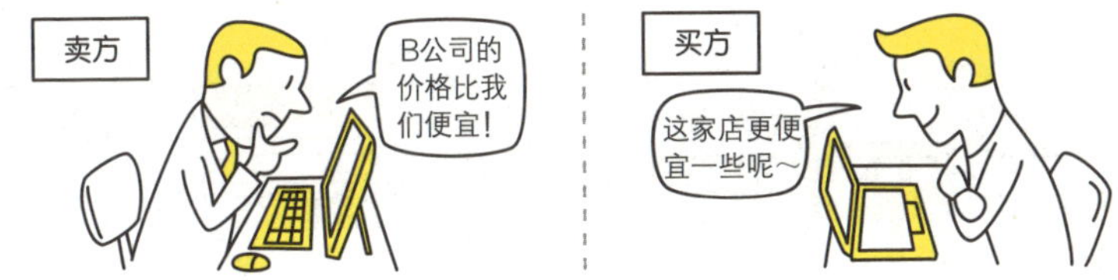

3 资源可以自由流动。

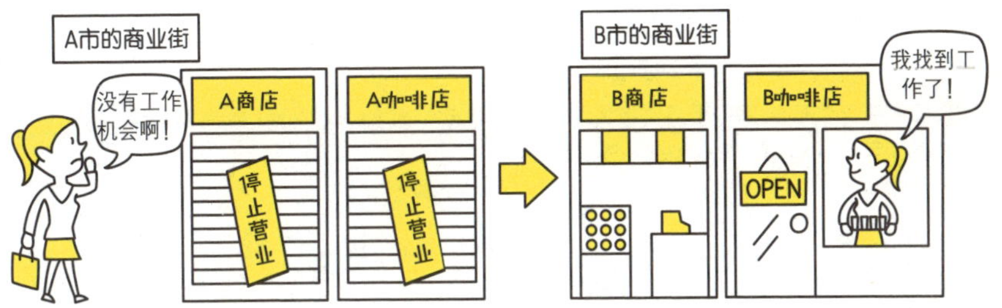

4 商品和服务的价格准确地反映成本。

外部经济 [External Economy]

指的是某项经济活动不通过市场交易［p20］，而给其他第三方带来有利影响的现象。

1 例如，假设延长了铁路线路，新建了车站。

2 车站周围又建了公寓，由于人口增加，位于该地的购物中心和餐厅的顾客也随之增多，因此获得了很好的收益。

3 虽然餐厅的经营者并没有负担线路扩张和车站建设的成本，但从结果上来看，他们享受了客流量增加、营业额提升等好处。

外部不经济 [External Diseconomy]

与外部经济 [p90] 相反，指的是某项经济活动不通过市场交易 [p20]，而对其他第三方造成不利影响的现象。

1 例如，假设某地区延长了铁路线路，新建了车站。

2 由于人口增加，生活便利，部分人群因此而受惠（外部经济）。

3 但是，对于原来的居民来说，由于家附近开通了铁路，带来了振动和噪音等不利影响。

特别是，居民并没有得到铁路公司的补偿，从结果上看却受到了负面影响，因此这种状态可以称之为外部不经济。

反垄断法 [Antimonopoly Law]

指的是在资本主义市场经济中，为防止市场垄断、勾连或不公正行为，以促进自由竞争、激发市场活力、保护消费者权益为目的而制定的法律。

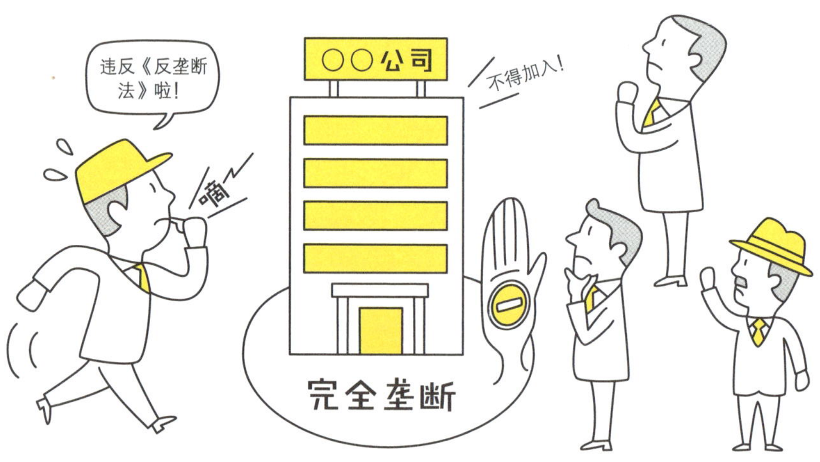

同质商品 [Homogeneous Capital Goods]

指的是任何企业 [p52] 都能生产出来的品质等完全相同的商品 [p13]，对于消费者而言，它们来自哪个企业并不重要。

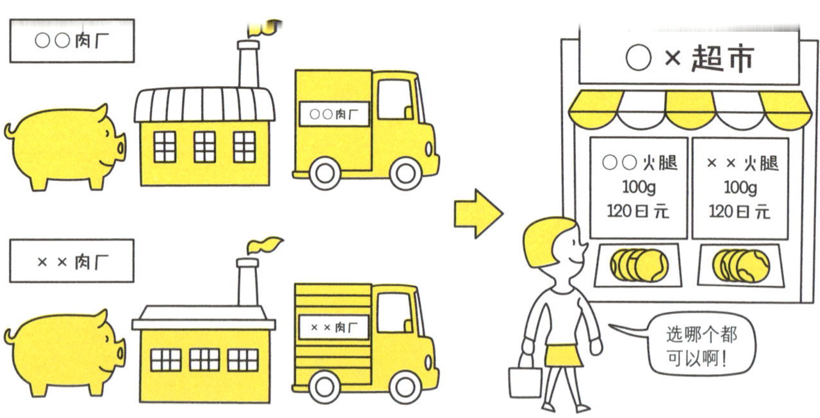

差异商品 [Discrimination Goods]

相对同质商品 [p92] 而言，差异商品指的是，由不同企业 [p52] 生产的商品 [p13]，即使从功能和品质方面看并无不同，但在消费者眼里它们因生产厂家的不同而不同 [p13]。

1 例如，假设有4家饮料厂商。

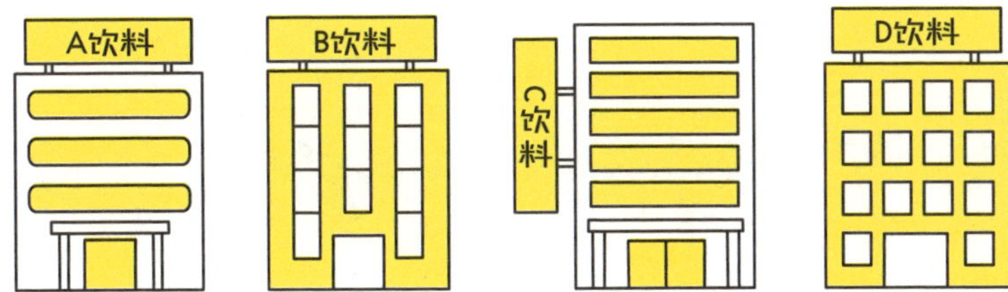

2 这4家公司都生产了无糖罐装咖啡。

3 即使这4家公司生产的是同样的无糖罐装咖啡，但田中先生喜欢A家的咖啡，山田先生喜欢B家的咖啡，高桥先生喜欢C家的咖啡，铃木女士喜欢D家的咖啡，他们都有不同的偏好。

如上所述，即使相同的产品，也会因味道、喜好、设计而被认为是不同的产品，这样的产品就叫作差异商品。

博弈论 [Game Theory]

经济社会是通过人和企业 [p52] 在一定规则的约束下，为了实现谋求自身利益的目的而相互“博弈”建立起来的，而人们的决策是在条件的相互影响下做出的抉择，博弈论指的就是针对这种状况用数理方法进行分析的理论。

数学家约翰·冯·诺依曼（1903—1957）和经济学家奥斯卡·摩根斯顿（1902—1977）共同编写的《博弈论与经济行为》（1944年）的出版标志着博弈论的诞生。

约翰·冯·诺依曼

奥斯卡·摩根斯顿

1 假设有一个寡头垄断 [p85] 市场。

2 在这个市场中，企业之间互相权衡着彼此会采取什么样的战略行动，以此来决定自家商品产量与价格。

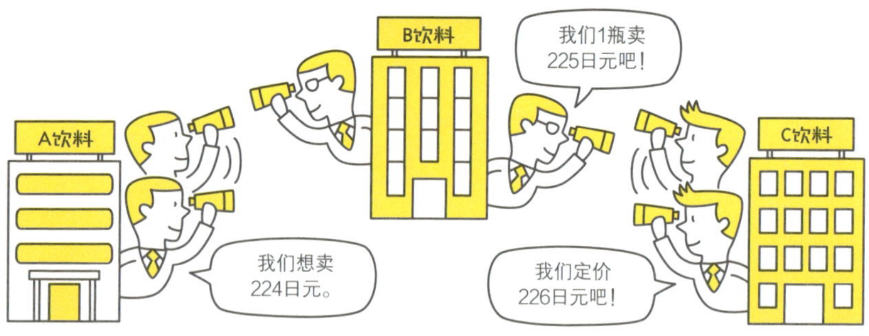

在博弈论中，囚徒困境 [p96] 是非常有名的例子。

纳什均衡 [Nash Equilibrium]

纳什均衡指的是博弈论 [p94] 中的非合作博弈均衡，所有的参与者选择了各自的最佳战略，进而形成了稳定的均衡状态。

由美国数学家约翰·福布斯·纳什（1928—2015）提出。

1 例如，在2013年发生的美国页岩气革命（从以前开采难度较大的页岩层开发出了石油和天然气，改变了能源价格的革命）的影响下，供需平衡被打破，原油价格自2014年后一直维持较低水平。

2 如果考虑所有产油国的利益，通过减产改善供需平衡，提升价格才是最佳选择。

3 但是，各国都考虑到，即使本国减产，但只要其他产油国增产，本国的市场份额就会下降，因此都不愿意主动减产。

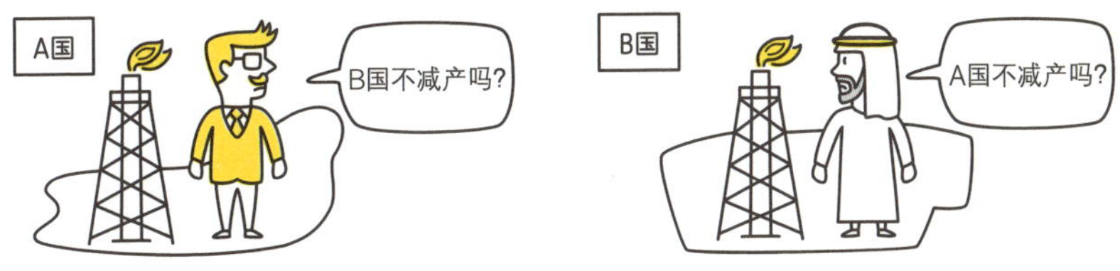

其结果是，原油价格 [p100] 一直稳定地维持在较低水平。这可以说是纳什均衡的一个典型例子。

囚徒困境 [Prisoners' Dilemma]

囚徒困境是博弈论[p94]中具有代表性的模型。它指的是，尽管参与方相互之间有合作关系，但如果置身于无法相互沟通的环境中，互相都会枉顾彼此的意愿选择背叛行为的一种模型。

1 A先生和B先生两个人因涉嫌抢劫而被捕，并被分别关押。

2 2名囚犯在各自的房间开始接受审讯。

3 接下来，审讯员分别向A先生和B先生说了如下内容。

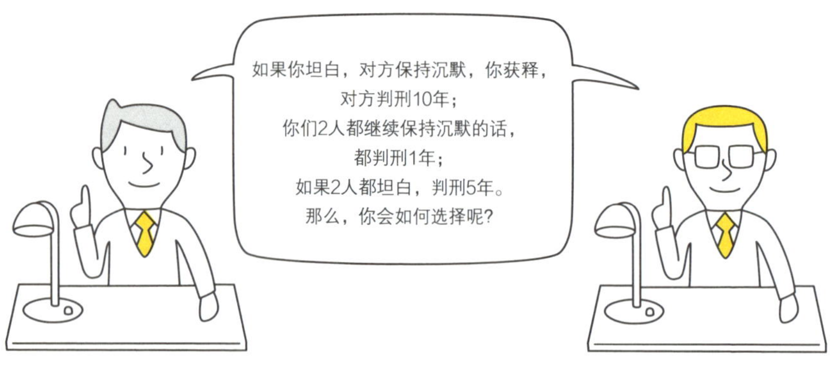

	保持沉默	坦白
保持沉默	A先生和B先生都判刑1年。	A先生获释，B先生判刑10年。
坦白	A先生判刑10年，B先生获释。	A先生和B先生都判刑5年。

4 当以上条件摆在A先生和B先生面前时，为了减轻处罚，最佳选择是两个人都保持沉默。

5 但是，他们处于不能相互沟通的环境中，由于害怕对方出卖自己，两人都选择了坦白并被判刑5年，从而陷入进退两难的境地。

由此可见，囚徒困境是博弈论中的代表性模型，它反映了只追求自身利益，必定会错失整体的最佳选择。

无名氏定理 [Folk Theorem]

在非合作博弈的情况下，像囚徒困境［p96］那样，以自己的利益为优先，放弃对整体而言的最佳选择。不过，如果博弈重复进行，就会达成相互合作的状态，此即无名氏定理。

1 在一次性的博弈中，双方都以自己的利益为优先。

2 如果博弈重复进行，只要对方合作自己就会继续合作。一定会经历如果对方合作自己也会合作，如果对方不合作自己也不合作的阶段。

3 这样的话，最终，相互合作的状态会持续下去。

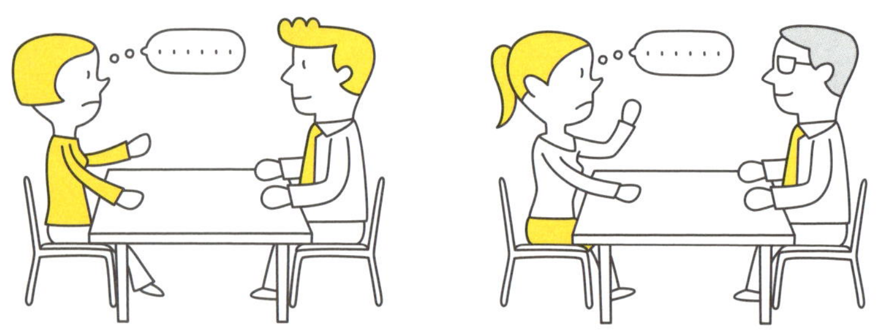

在囚徒困境的博弈中，如果博弈重复进行，他们会根据以往的行为选择战略，因此最终会达成一致，做出两人都不坦白的最佳选择。

市场外部性 [Outside of The Market]

市场失灵［p89］的一种，指的是商品和服务［p13］的价格［p100］没有准确地反映成本的状况。分为外部经济［p90］和外部不经济［p91］。

外部经济指的是，不通过市场交易而给其他第三方带来有利影响；外部不经济指的是，不通过市场交易而对其他第三方造成不利影响。

生产理论 [Production Theory]

指的是分析生产要素［p15］与商品和服务［p13］等产品之间的关系的理论。

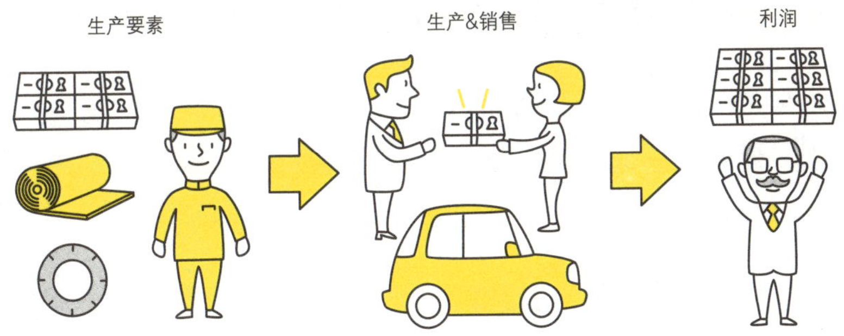

生产指的是企业［p52］的活动。企业投入资源、劳动力、资本等生产要素，生产、销售商品和服务，并使其利润最大化。

价格 [Price]

指的是商品和服务［p13］的货币价值。在市场经济的竞争中，价格是通过需求与供给［p34］的均衡点来决定的，因此无须管理成本，且具有中立和公正的特征。

1 在价格达成一致后，任何人都可以进行销售（购买），价格通过这种方式将生产者和消费者联系在一起，因此价格具有对商品和服务进行配置的功能。

2 另外，价格的变动也会对需求和供给产生影响，例如，消费者会因为价格过高而拒绝购买，生产者会因为价格高而刺激销售，因此价格具有调节供求的功能。

市场均衡 [Market Equilibrium]

指的是，在市场经济中，商品和服务［p13］的供给量与需求量相同，价格［p100］稳定的状态。

自由放任主义 [Laissez-faire]

自由放任主义源自法语“laissez-faire”，意为“让他去”。

英国经济学家亚当·斯密（1723—1790）[p254]在他的著作《国富论》中提出的主张。

1 这种理论主张，政府应取消对国民经济的控制和干预，个人和企业的经济活动应该在自由竞争的条件下进行。

2 因此，自由放任主义认为，政府的作用仅限于保护私有财产、履行合同、解决纠纷等确保社会安全和自由的活动。

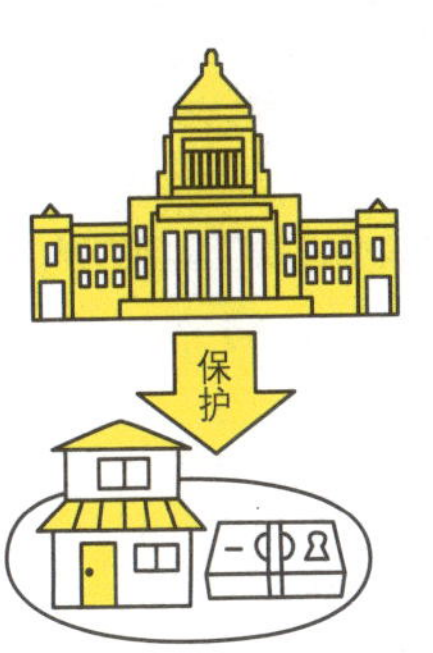

夜警国家

[Night-Watchman State]

指的是，政府的作用仅限于确保社会安全和自由等基本任务，是一种自由主义国家观。

德国社会主义者费迪南德·拉萨尔（1825—1864）在《工人纲领》（1862年）中批评当时英国的资产阶级国家观时使用的词汇。

1 政府的作用仅限于，为了维持市民社会的秩序而进行的保护私有财产、确保合同履行、解决纠纷、保护国家等最基本的任务。

2 可以说，它与国家积极地与公民建立联系，发挥政府职能的福利国家形成了鲜明的对比。

庇古税 [Pigovian Tax]

指的是，在发生外部不经济 [p91] 时，为了弥补这种状况而向企业 [p52] 等经济主体 [p21] 征收的一种税收。

以英国经济学家阿瑟・塞西尔・庇古（1877—1959）的名字来命名。欧洲等地为了应对全球变暖而引进的环境税基于的就是庇古税的概念。

1 以环境问题为例，如果对企业征收环境税，企业生产活动所需的费用再加上环境税，生产成本就会上升。

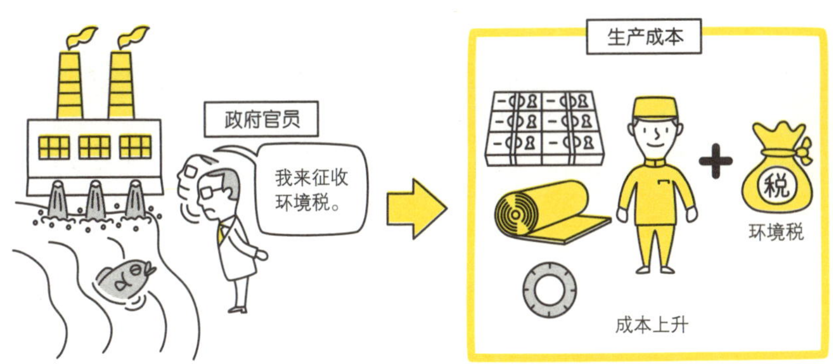

2 通过征收环境税，抑制了生产活动，弥补了企业经济活动所需的成本（私人边际成本）与社会负担的额度（社会边际成本）之间的差距。（边际成本 [p44] ）

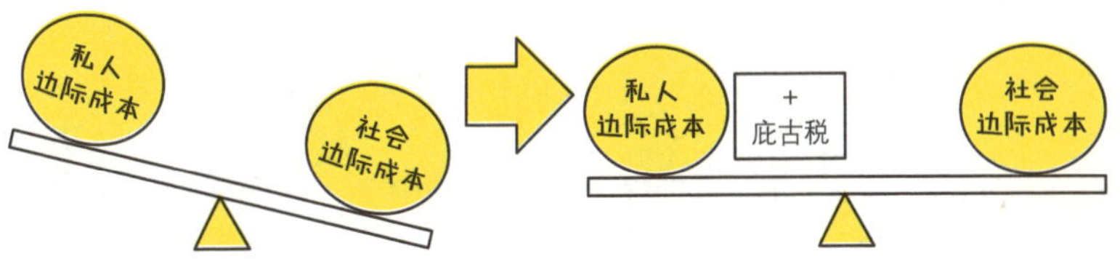

也就是说，庇古税指的是为了弥补社会边际成本和私人边际成本之间的差额，对经济活动征收的税金。

公共物品 ［Public Goods］

可以导致市场失灵［p89］的商品和服务［p13］之一。指的是根据价格［p100］来看，人们无论是否负担了成本，都可以广泛受益的财产和服务。

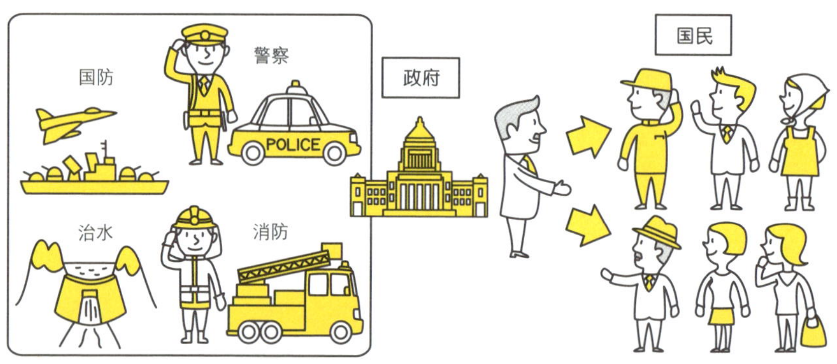

公共物品指的是，每一个人都可以在不牺牲他人的满足程度和价值的情况下进行消费，没有付款的人也可以进行消费的商品和服务。

私人物品 ［Private Goods］

私人物品是与公共物品［p104］相对应的概念，指的是消费者购买的商品和服务［p13］。

与公共物品不同，私人物品指的是一个人消费后，其他消费者就不能消费，他人的满足程度和价值就会减少的商品和服务，只有付款的人才可以享受的商品和服务。

科斯定理 [Coase Theorem]

与庇古税不同 [p103]，指的是即使政府不干预，也可以通过民间自发的谈判而解决问题。

因英国的罗纳德·科斯（1910—2013）而得名。

1 例如，以某企业因工厂排放有害烟雾，与当地居民进行交涉的事件为例。

2 为了居民的健康，工厂最好不再排放有害烟雾，但是居民中有人在工厂工作，工厂的存在是有必要的。

3 因此，双方都需要做出适当的妥协。如果当地居民有呼吸新鲜空气的权利，企业就会花费成本谋求对策，如缩短有害烟雾的排放时间，安装减少有害烟雾的排放装置等。

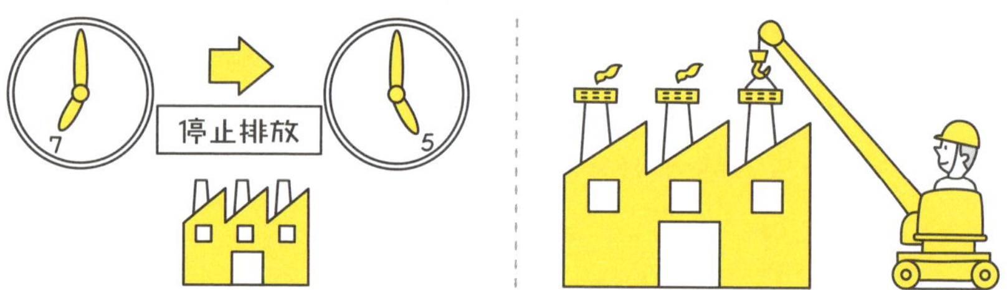

4 在这种情况下，原本企业只需要想办法降低成本、提高产量，现在还需要考虑居民受到了什么程度的伤害、采取哪种对策居民们才能接受，并摸索这种情况下合适的产量。

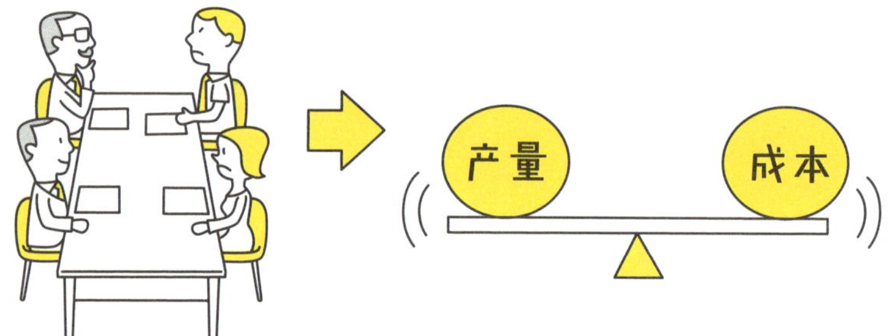

5 居民在要求企业做出最大限度的让步，提出包括支付赔偿金等解决对策的同时，要考虑到如果要求过于苛刻，就会造成工厂关闭、产量大幅减少、员工被解雇的严重事态，因此居民也很伤脑筋，希望寻求折中方案。

如上所述，通过双方互相让步，可以实现资源最优配置［p70］，这就是科斯定理的观点。

6 不过，只有在某些条件下，该定理才能成立。首先在最初阶段必须明确权利和义务。关于所谓的条件，举例如下。

· 居民有呼吸新鲜空气的权利。

· 对于有害烟雾给居民造成伤害的严重程度，可以明确到具体的金额。

· 了解双方必须承担的成本。

· 经济主体（企业和居民的数量）有明确的数量，相互沟通更容易。

但是，现实生活中，很多时候权利关系并不明确。还存在着当事人太多，或者为了推进交涉需要花费大量的人力、时间、金钱等状况，因此科斯定理成立的门槛很高。

道德风险 [Moral Hazard]

指的是发生于某项交易后，因信息不对称性 [p112] 而引发的问题之一。

1 例如，我们以汽车保险市场为例。

2 一旦投保了汽车保险，即使发生轻微碰撞也可以理赔，因此就会疏忽驾驶。

3 或者，如果发生损伤的话也可以使用保险完美修复，因此，存在因故意行为引发风险事件的可能性。

对于保险公司而言，很难判断事故是投保人故意为之的，还是仅仅因为粗心大意而导致，因此信息的不对称性导致了问题的产生。这就是道德风险产生的原因。

折现值
[Present Discounted Value]

指的是把将来某个时间的价值 [p16] 折算为现在的价值时所对应的金额。这是因为现在的价值与未来的价值存在差异而产生的。

1 例如，现在的100万日元与1年后的100万日元相比，现在的100万日元价值更高。

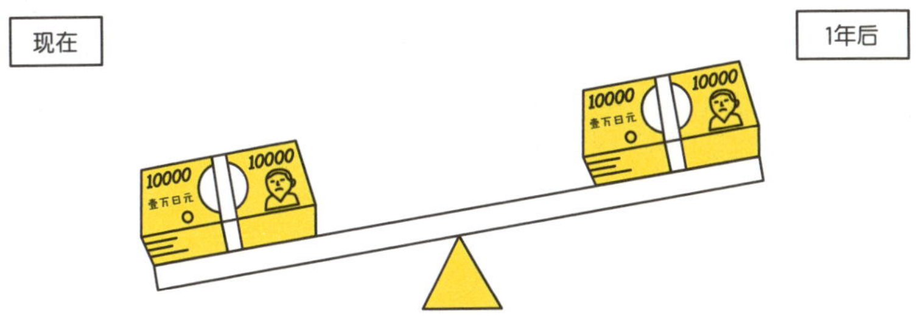

2 如果将现在的100万日元存入银行，年利率为5%，1年后可能会变成105万日元。

3 不过，另一方面，将钱借给熟人，即使约定好1年后还100万日元，也存在1年后只能收回98万日元的风险。

4 像这样，一方面现在的100万日元如能合理利用就有机会赚取利润，另一方面，1年后的100万日元也存在着无法全部收回的风险。

5 因此，金钱的价值，未来会越来越小。
那么，为了将不同时间轴上的金钱的价值进行比较，必须要调整时间轴。

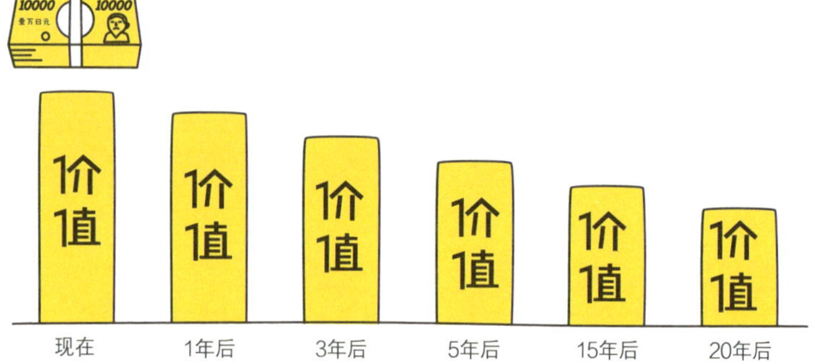

6 现在的100万日元在1年后的价值，如果按照前面 2 的做法，相当于105万日元。
1年后的100万日元如果以5%的利率进行计算，可以得出它现在的价值，计算如下：

100万日元÷（1+0.05）=95.2万日元

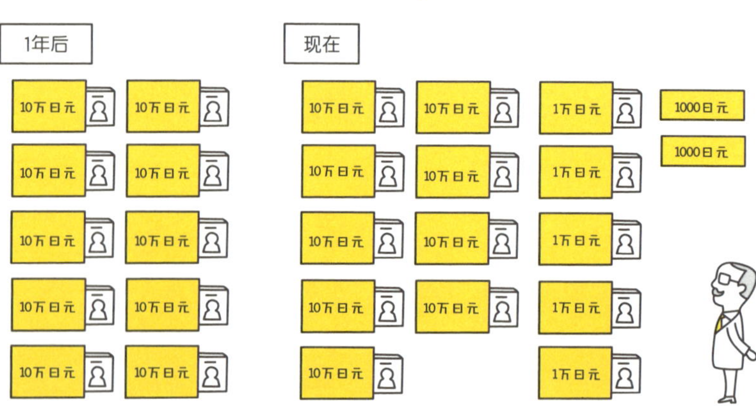

7 如果想要计算将来的现金相当于现在的多少钱，可以像这样按照利率进行折算后得出。该利率（此处为5%）被称为折现率，通过这种方式算出的价值就叫作折现值（此处为95.2万日元）。

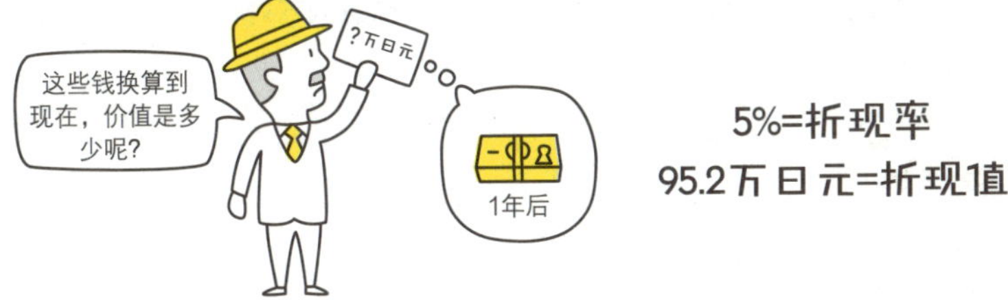

8 同样的道理，2年后的100万日元的折现值，计算如下：

100万日元÷（1+0.05）÷（1+0.05）=90.7万日元

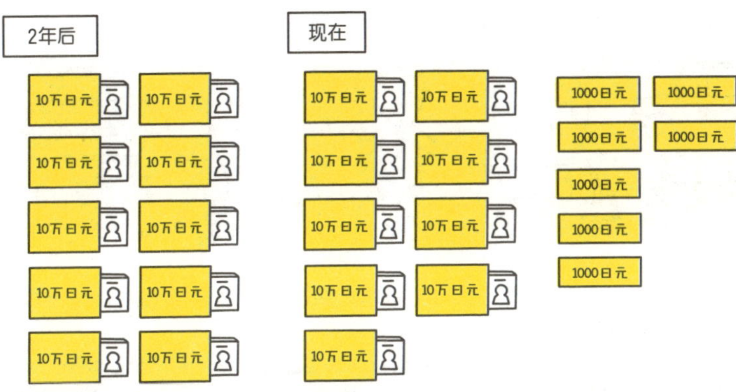

9 另外，3年后的100万日元的折现值，计算如下：

100万日元÷（1+0.05）÷（1+0.05）÷（1+0.05）=86.4万日元

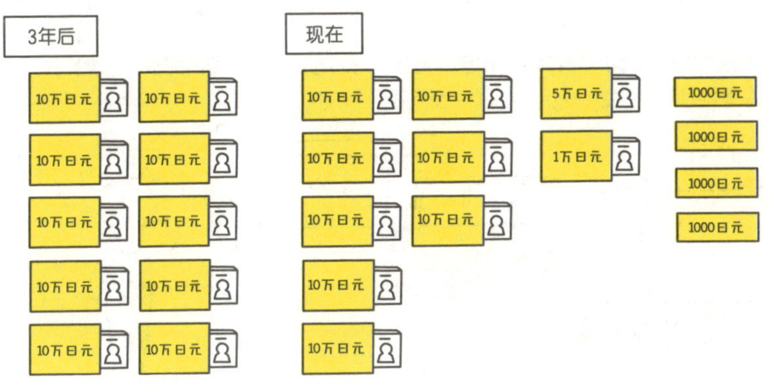

信息不对称性

[Information Asymmetry]

指的是买方和卖方掌握的信息是各不相同的，这种信息的不对称性可能会造成市场失灵[p89]。

由美国经济学家乔治·阿克尔洛夫（1940—　　）提出。

1 我们以二手车市场为例。某个二手车经销商（卖方）拥有一些价值50万日元和20万日元的二手车，两种车的数量各占一半。

2 卖方知道这两种二手车的价值[p16]不同，但买方并不了解，也就是说存在信息的差异（信息不对称性）。

3 于是，买方因为不知道哪种车的品质更好，对50万日元的车望而却步，打算买30万日元左右的车。

4 如果买方有意向购买30万日元左右的车，卖方就会把20万日元的车以30万日元的价格卖出去。

5 另外，如果卖方将50万日元高品质的二手车以30万日元卖出去，就会赚不到钱，因此他们不再销售高品质的二手车。

6 最终，市场上充斥着低品质的二手车。

7 在美国的二手车行业中，将品质较差的二手车叫作“柠檬”，这种存在信息差的市场被称为“柠檬市场”。

萨缪尔森公共物品理论

[Theorem of Samuelson]

该理论反映的是为了从国家等方面获得一单位的公共物品[p104]，每个人愿意为此付出的私人物品[p104]的总和。也就是说，整个社会为获得公共物品而支付的金额，与生产一单位公共物品所需的新增成本之间的均衡点，就是公共物品的最优供给量。

由美国经济学家保罗·萨缪尔森（1915—2009）[p274]提出。

1 某国提出了总工程费为100亿日元的水坝建设方案。建设水坝可以改善水资源短缺问题，还可以防治水灾。如果全社会同意支付100万日元的话，它们就会花费100万日元修建水坝。

2 如果根据全体社会成员愿意支付的金额（全体的边际支付意愿）来承担水坝的建设成本，国家会适度地为国民提供公共物品（此处为水坝）。

3 国民们对负担水坝成本的看法如下所述，为了生产一单位的公共物品（此处为水坝），每个人最多愿意负担的合计金额，即为最优供给量。

10万日元+50万日元+3万日元+○万日元+○万日元……=合计金额就是最优供给量。

4 但是，政府很难掌握具体每个人愿意支付的数额，在水坝完成后，也不能从水坝的惠及范围中将特定的人剔除在外。

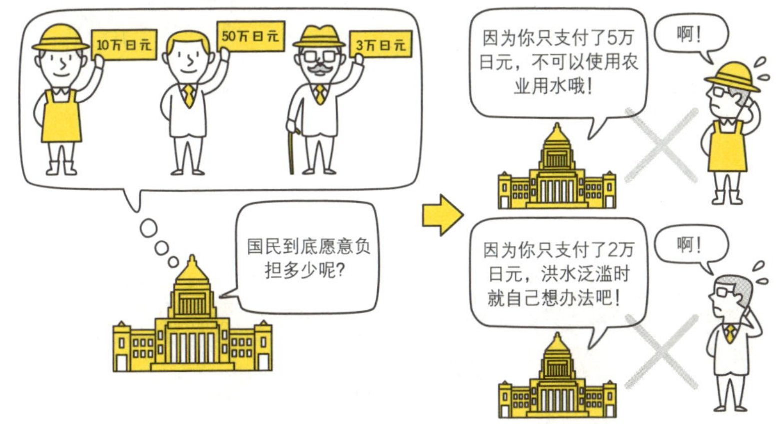

5 因此，产生了“免费搭车者”的问题，也就是说不想负担成本的人却想享受水坝的便利。

难以确定国民应该负担的公共物品的成本份额，所以很难明确公共物品的供给量。

供求缺口 [Supply-Demand Gap]

指需求和供给［p34］之间存在的差距。如果供给大于需求，造成商品过剩，就会引发通货紧缩［p159］。

1 虽然市场上流通着各种各样的商品，但想要购买这些商品的人却很少。

2 产品销量不佳，供给方（企业）决定即使降价也要把它们卖出去。

3 于是，因为价格下跌，企业的业绩恶化。为了降低成本，企业采取了要求原材料供应商降低价格、缩减员工工资等措施，又造成经济状况的进一步恶化。

价格的自动调节机制
[Automatic Adjustment Function of Price]

在市场中，价格 [p100] 具有自动调节需求量与供给量，使其达到一致的功能。

1 假设在完全竞争市场中正在进行价格竞争。

2 在这个市场上，即使需求和供给的平衡被打破，通过价格的变化，也可以让需求和供给再次趋于一致。

如上所述，在市场 [p20] 中价格的变化是自动进行的。亚当・斯密 [p254] 将这种市场经济的状况形容为“看不见的手”。

市场价格 [Market Price]

指的是在交易商品和服务［p13］的完全竞争市场［p70］中，受需求和供给［p34］的影响而实际成交的价格［p100］。

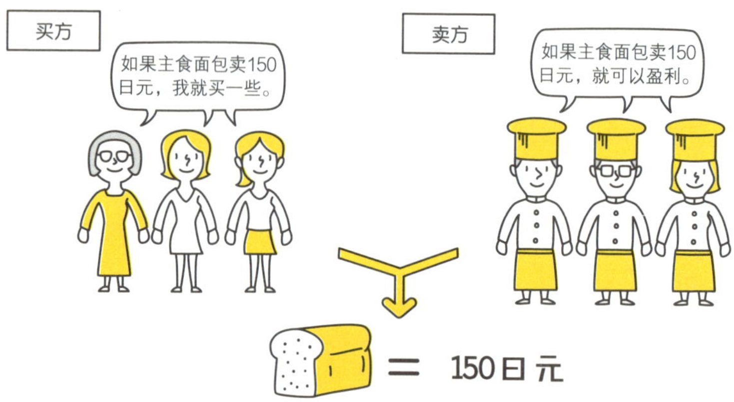

均衡价格 [Equilibrium Price]

指的是在完全竞争市场［p70］中，需求量和供给量相等时的价格［p100］。可以用需求曲线［p37］和供给曲线［p38］的相交点来表示。

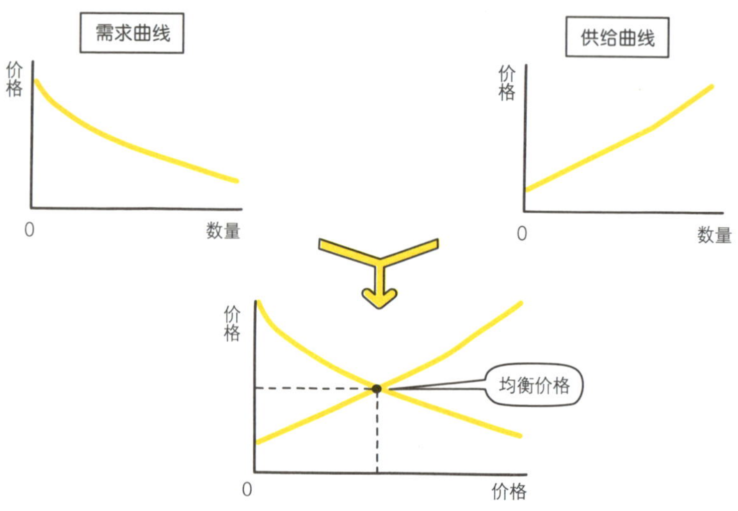

市场机制 [Market Mechanism]

指的是在完全竞争市场 [p70] 中，通过需求和供给 [p34] 的平衡，决定商品和服务 [p13] 的价格 [p100]，再根据其价格对供给方的生产以及需求方的消费进行调节的一种机制。

1 因为资源的有限性，所以必须考虑清楚想要生产什么样的商品、产量以及生产方式。

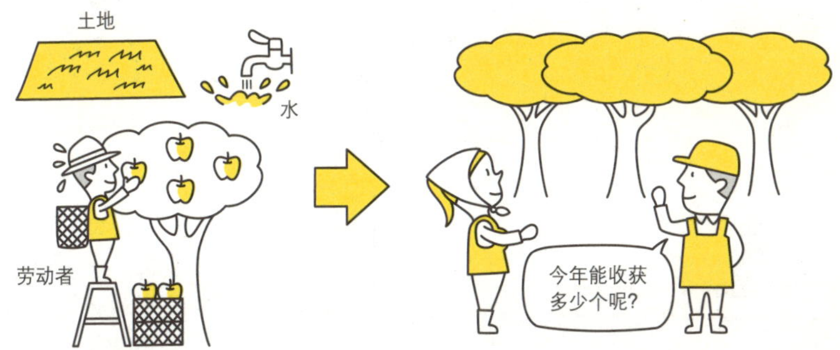

2 从卖方的角度来看，价格低廉时他们不想出售，因此会减少出货；在价格较高时他们想赚取利润，因此会增加出货。

3 从买方的角度来看，他们在价格较高时不太想买东西，因此会抑制消费，在价格低廉时则会大量采购。

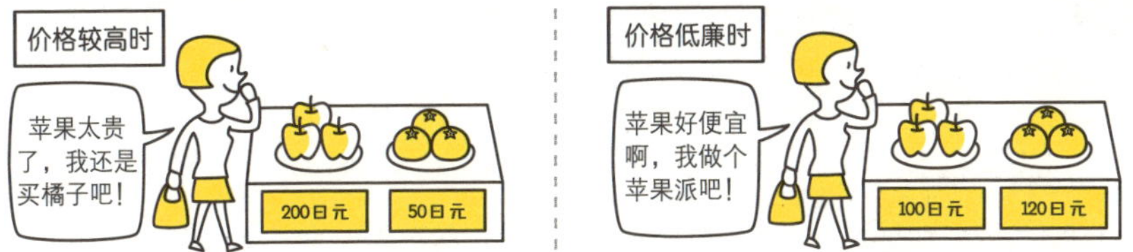

如上所述，通过需求和供给的平衡来决定价格，再根据价格调整卖方的生产量和买方的消费量。

Microecono

第3章 宏观经济学

GDP（国内生产总值）

［Gross Domestic Product］

一个国家在一定时期内新创造的附加价值［p155］的总和，是衡量该国整体经济状况的指标。因为统计的是在国内产生的商品和服务［p13］，所以除了该国家的国民和企业外，也包括居住在该国的外国人和外国企业的经济活动。

1 以下四种商品和服务不被计入GDP内。

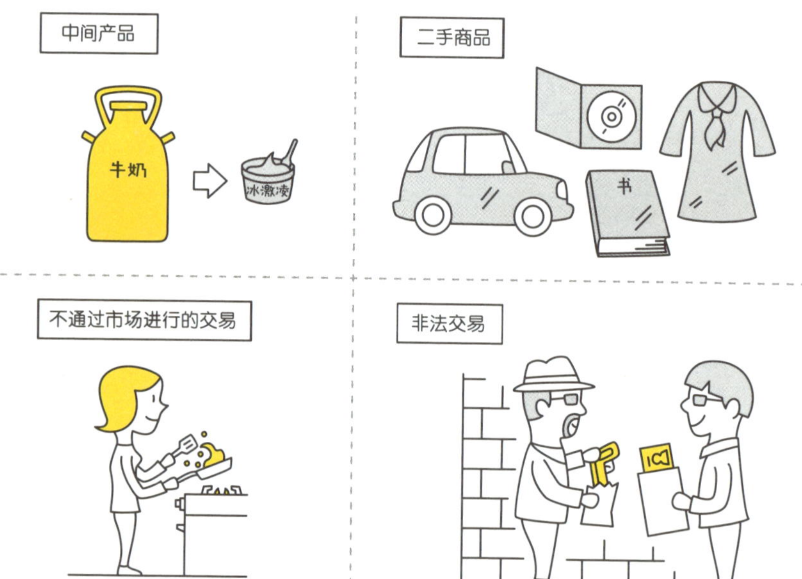

2 第一种中间产品指的是用于生产最终产品［p142］（计入GDP）的物品。如果不去除中间产品［p142］，会造成GDP重复计算，夸大一个国家的产量。比如，冰激凌店的牛奶是从牧场采购的。

3 在这种情况下，冰激凌的产值应被计入GDP，而牧场向冰激凌店出售的牛奶将作为中间产品不计入GDP。

4 接下来是二手商品的买卖。以汽车为例，在变成二手车之前，新车在生产阶段时已被计入GDP，二手车并非新生产的产品，因此不计入GDP。

5 第三种是不通过市场进行的交易。例如家务劳动等就是具有代表性的例子。

6 第四种是犯罪组织进行的非法交易。例如，被称为“地下经济”的毒品交易等，就不计入GDP。

GNP（国民生产总值）

［Gross National Product］

一定时期内，由一个国家的国民新创造的附加价值［p155］的总和。

1 GNP指的是由一国的国民创造出来的附加价值的总和，与其产生的国家无关。以日本为例，GNP也包含在外国工作的日本人所创造的附加价值。

2 虽然可以根据GDP［p122］计算GNP，但GNP与GDP不同，GNP并不包含居住在该国的外国人或外国企业的经济活动而产生的附加价值。

NDP（国内生产净值）

[Net Domestic Product]

指的是GDP [p122] 扣除固定资产折旧后的产值。固定资产折旧指的是折旧费用 [p65] 。其计算公式如下：

为了准确地计算出该国新创造的附加价值，需要将设备等被消耗掉的那部分价值（即固定资产折旧），作为成本从附加价值总额中减去。

NNP（国民生产净值）

[Net National Product]

指的是GNP [p124] 扣除固定资产折旧后的产值。其计算公式如下：

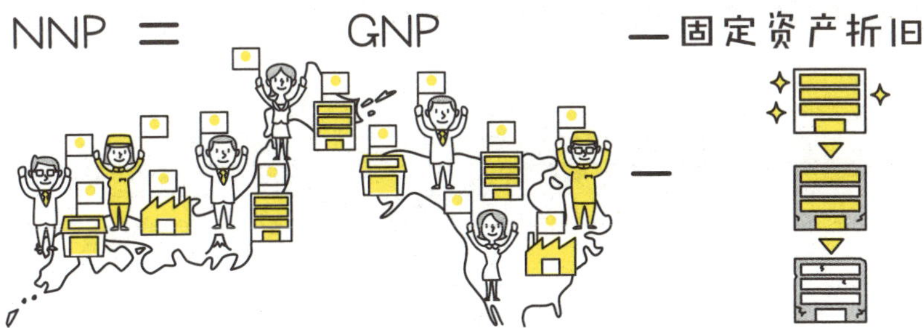

为了准确地计算出某个国家的国民新创造的附加价值，需要将设备等被消耗掉的那部分价值（即固定资产折旧），作为成本从附加价值总额中减去。

SNA（国民经济核算体系）

［System of National Accounts］

SNA是由五个表构成的，可以用来核算一个国家的流量［p128］和存量［p128］。如果世界上多个国家根据同一标准制定SNA，就可以进行国际比较。因此，SNA指的是根据联合国等的建议，按照国际统一标准和概念制定的，用来记录和汇总国家整体经济状况的体系。

1. 国民收入计算：用于统计一定时期内国内新生产出来的商品和服务［p13］。共有三种计算方式：一种是从生产方面计算，即统计除中间产品外的附加价值；一种是统计最终需求的方式；还有一种是从工资、利润和收入等分配方面进行计算的。

2. 产业关联表：又称投入产出表，将投入和产出以矩阵形式记录下来，以统计某个时期内，所有的商品和服务的生产以及具体的使用状况。

销售结构 →

成本结构 ↓

投入＼产出		中间产品			最终需求				国内总产值
		食品	衣服	合计（A）	消费	固定资产形成	其他	合计（B）	（A+B）
中间投入	食品	100	10	110	80	20	20	120	230
	衣服	20	80	100	70	10	10	90	190
	合计（C）	120	90	210	150	30	30	210	420
毛附加价值	劳动者报酬	60	50	110					
	营业盈余	20	30	50					
	其他	30	20	50					
	合计（D）	110	100	210					
国内总产值（C+D）		230	190	420					

A+B=C+D

3 国际收支表：表示一定时期内，与外国的金融资产、商品和服务的交易，涉外收入的收支情况以及无偿转移的状况。

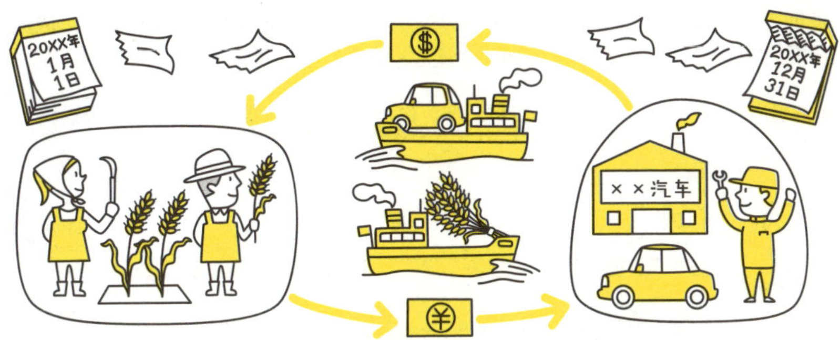

4 资金流量表：1～3 记录的对象是商品和服务的交易（实物交易），而资金流量表的记录对象是伴随着实物交易而发生的资金流动，以及与实物交易无关的金融交易（流量），如通过借款购买股票等。另外，作为存量的金融资产和负债余额也是其记录对象。

5 国民资产负债表：1～3 的记录对象均为流量，而国民资产负债表记录的是因流量交易、资产价格调整而结存下来的存量。这种表格不仅是关于金融资产、负债的资产负债表，还可以用来评估大楼、机械设备、土地等有形固定资产和软件等无形固定资产的价值。

流量 [Flow]

表示在一定时间内，产品增加或减少的数量。比如，表示商品和服务［p13］流通状况的GDP［p122］就是流量的一个代表性例子。

- 例如，表示一年内生产了多少辆汽车，建设了多少座大楼，修建了多少条道路等。

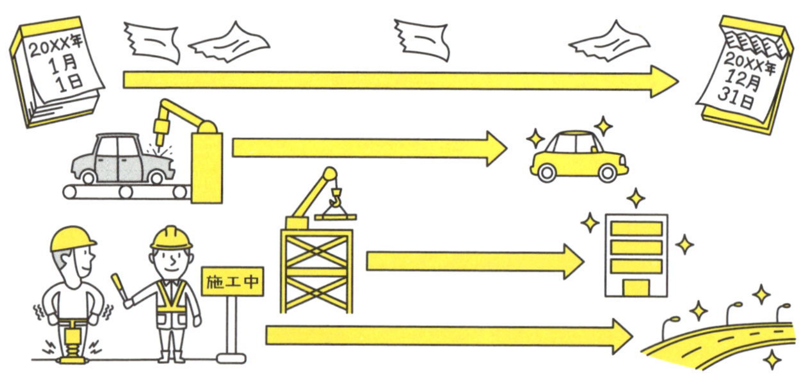

存量 [Stock]

从过去到现在积累起来的流量的结果，表示的是结存数量。在日本又称其为“国家财富”，意指某一时间点的国家“脸面”。

- 例如，在某个时间点拥有多少辆汽车，修建了多少大楼和道路等，表示的是结存数量。

名义GDP ［Nominal GDP］

指的是不考虑物价［p134］变动影响的GDP［p122］。

1 名义GDP中的“名义”是什么意思呢？
例如，假设A国只生产橘子。

2 在这个国家，每个橘子卖100日元，如果去年的橘子产量是1000个的话，那么这个国家的GDP是下面的金额：

3 假设今年物价上涨了20%，每个橘子卖120日元，产量增加至1200个。
那么这个国家的GDP是下面的金额：

由此可见，去年GDP是10万日元，今年的GDP是14.4万日元，GDP增加了4.4万日元。但是，这个数值还没有除去物价上涨20%所带来的影响，因此称其为“名义GDP”。

实际GDP ［Real GDP］

实际GDP不同于名义GDP［p129］，指的是除去物价变动影响的GDP［p122］。

1 实际GDP中的“实际”是什么意思呢？
假设A国只生产橘子，每个橘子卖100日元，去年的产量是1000个，那么这个国家的GDP是下面的金额：

2 然后，今年物价上涨了20%，因此每个橘子卖120日元。假设产量增加至1200个，那么这个国家的GDP就变成了下面的金额：

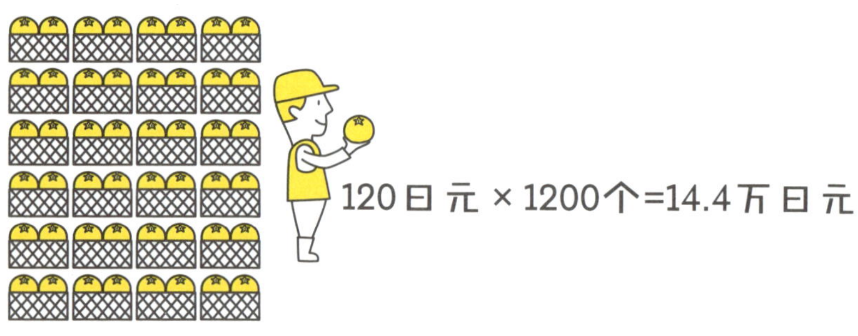

3 不过，假如除去物价上涨20%所带来的影响，就需要以价格为每个橘子100日元，产量为1200个进行计算，今年这个国家的GDP是下面的金额：

也就是说，这个金额是以去年为基准年，除去了物价上涨20%所带来的影响，因此称之为“实际GDP”。

GDP平减指数 [GDP Deflator]

指的是通过某个国家的名义GDP [p129] 计算实际GDP [p130] 时所用的指数，它是衡量物价 [p134] 变动的指标。

1 GDP平减指数可以通过以下公式计算得出。

GDP平减指数=名义GDP ÷ 实际GDP × 100

2 我们来比较一下，在名义GDP和实际GDP章节中提到的A国在去年和今年的橘子产量。

	去年	今年	
		名义GDP	实际GDP
	100日元 × 1000个 =10万日元	120日元 × 1200个 =14.4万日元	100日元 × 1200个 =12万日元

3 将该表中出现的名义GDP和实际GDP带入GDP平减指数公式中，计算后结果如下：

14.4万日元 ÷ 12万日元 × 100=120

从这个数字可以看出，假设基准年（此处为去年）为100，如果这个数字超过100，说明物价上涨了（通货膨胀 [p156]），如果数字在100以下，说明物价下降了（通货紧缩 [p159]）。

人均GDP

［Real GDP Per Capita］

GDP［p122］总额除以人口得到的数值。它是反映国民生产水平的指标。

1 一般认为，GDP越高，经济就越富裕，但因为经济受到了人口数量的影响，所以如果以人均GDP衡量，更能反映国民的富裕程度。

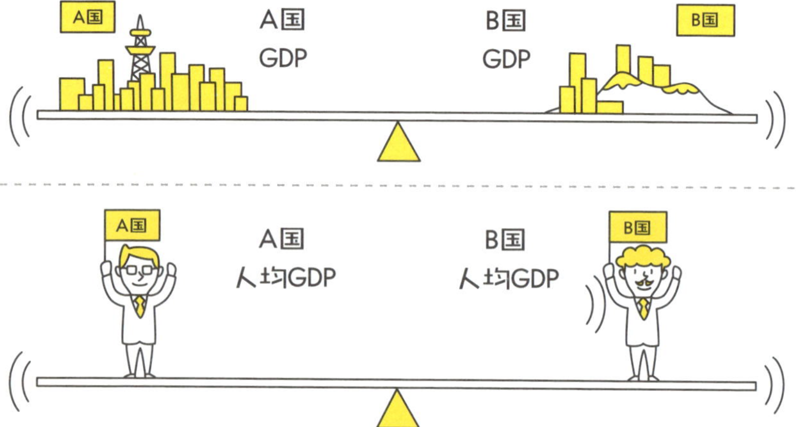

2 在比较国家之间的人均GDP时，因为物价等因素的影响会反映到汇率［p245］上，所以使用的是人均名义GDP。

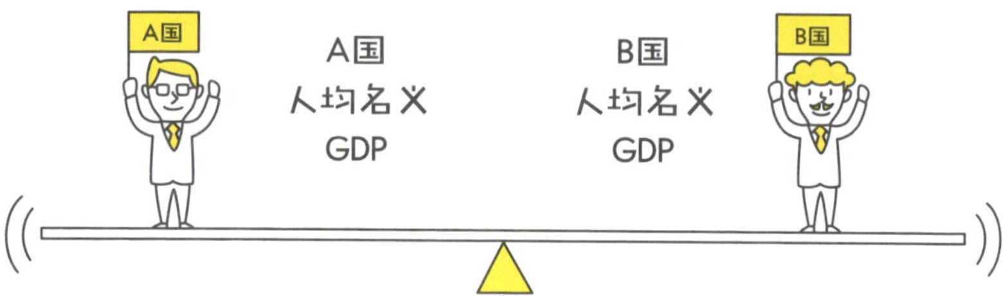

3 另一方面，在研究一个国家较长时间的生活水平变化情况时，使用人均实际GDP进行计算，可以除去人口的增减所带来的影响，结果也更加准确。

NI（国民收入）［National Income］

指一定时期内（通常为1年），一个国家的国民获得的收入总额（附加价值［p155］）。

1 国民收入可以按照如下公式计算。

NI（国民收入）=NNP（国民生产净值）-间接税+补助金

2 假设某个国家的国民只种植橘子。如果今年的橘子产量为1000个，价格为100日元，固定资产折旧（折旧费用［p65］）为1万日元，那么通过下面的计算，可以得出这个国家的GNP［p124］和NNP［p125］。

GNP：100日元×1000个=10万日元

NNP：10万日元-1万日元=9万日元

3 假设100日元中含有10日元的间接税（消费税），橘子生产者还可以从国家获得每个橘子5日元的补助金。那么，间接税（消费税）总额为10日元×1000个=1万日元，补助金总额为5日元×1000个=5000日元。

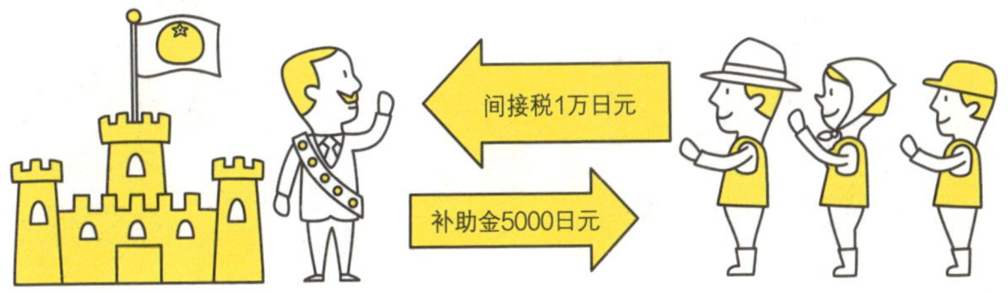

4 因此，如果加上从国家获得的补助金的金额，再减去向国家缴纳的间接税的金额，就可以计算出该国国民的真实收入。

8万5000日元=9万日元-1万日元+5000日元

该国的国民收入　国民生产净值　间接税　补助金

物价 [Price]

指的是物品的价格［p100］，但通常并非单个商品和服务［p13］的价格，而是综合各种商品和服务的价格得出的平均价格。

物价指数 [Price Index]

指的是能够反映各种商品和服务［p13］价格变动情况的指数，用于衡量物价［p134］的变动情况。

- 以某一年为基准年，假设该年的物价水平为100，用这个指数衡量物价的波动情况。

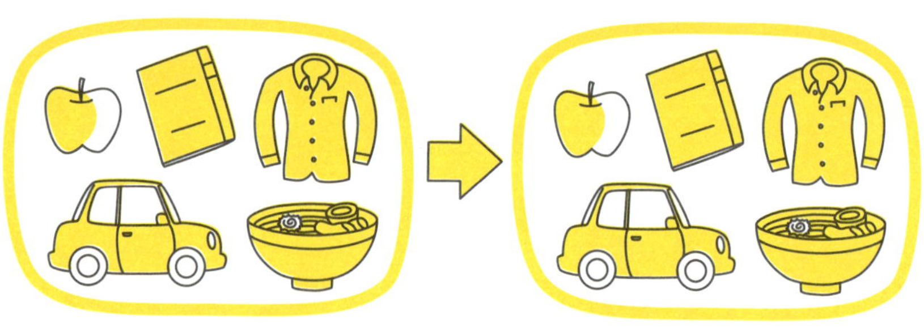

去年的物价=100

今年的物价=?

如果今年的物价大于100表示“物价上涨”，低于100则表示“物价下降”。

消费者物价指数（CPI）

［Consumer Price Index］

是消费者日常购买的商品和服务［p13］的平均价格［p100］水平变动情况的指标，是反映物价［p134］变动情况最重要的指标。

1 假设有一个A国，该国国民去年一年内消费了很多商品。

2 我们通过观察，发现他们消费了如下产品，假设金额合计为100万日元。

3 假设A国今年又消费了与去年等量的同样产品，合计金额为105万日元。

105万日元

4 去年的消费额为100万日元，今年的消费额为105万日元。假设去年的物价水平为100，今年的消费者物价指数则可以将去年视为基准年，进行如下计算。

去年的消费额=100万日元→100

今年的消费额=105万日元→105

物价上升率=5.0%

5 从消费者物价指数中，我们看不到单个商品和服务的价格发生了怎样的变动，我们看到的是整体物价的变动情况。

6 消费者物价指数也被用作电和煤气等公共事业费、交通费和养老金等价格调整的指标。

7 从日本的消费者物价指数来看，该指数包括家电、食品、房租、公共事业费等的价格。

8 但是，生鲜食品容易因为天气等突发因素而发生价格变动，因此在衡量中期的物价变动时，采用的是除生鲜食品外的消费者物价指数（核心CPI）。

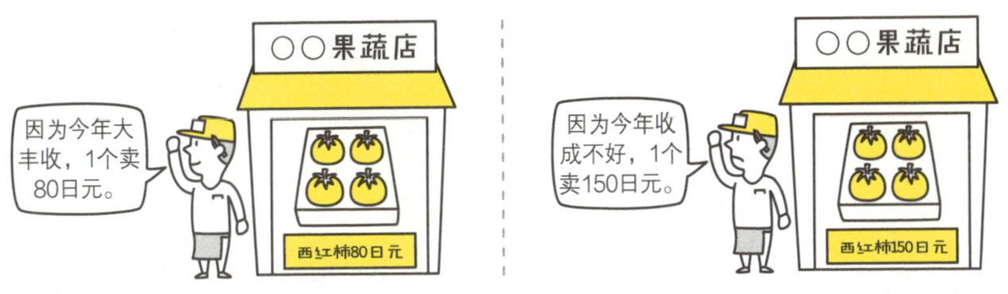

9 另外，为了与美国等多个国家采用的指标保持一致，还有一种从核心CPI中剔除“食品（酒类除外）和石油”的综合指数（通称为核心CPI）。

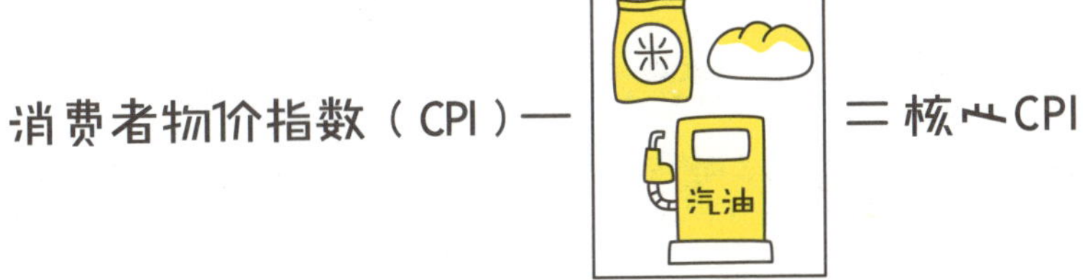

日本长期苦于通货紧缩［p159］，从摆脱通货紧缩这个角度来看，CPI（核心CPI）是一个重要的参考指标。此外，各国的中央银行［p154］在实施金融政策时，目标物价水平通常都是以CPI为标准制定的，虽然各个国家和地区目标物价的数值、时间、目的各不相同，但通常情况下，中央银行都会与政府共同协商，确定目标数值。

企业商品交易价格指数（CGPI）

［Corporate Goods Price Index］

是衡量企业之间商品［p13］集中交易的价格变动的统计指标。因其时效性较高，因此被当作判断经济动向和金融政策的依据。

1 在观察企业商品交易价格指数时，需要注意的是不同需求阶段，原材料、中间产品［p142］、最终产品［p142］的企业物价动向。

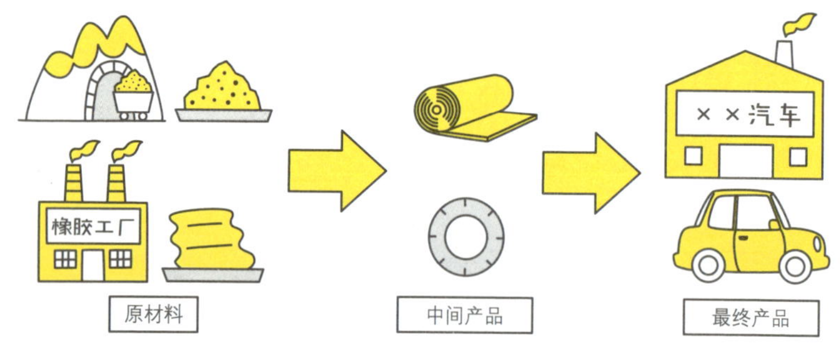

2 物价的变动会按照“原材料→中间产品→最终产品”的顺序依次产生。

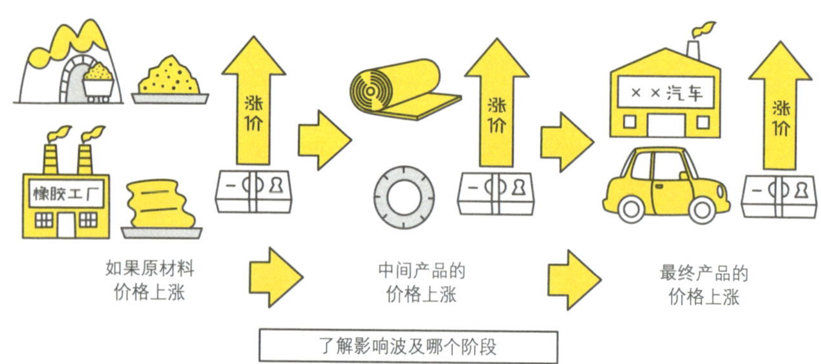

3 最终产品的物价变动，会通过消费者物价对个人消费产生影响，因此企业商品交易价格指数是一个需要预先掌握的指标。

生产者物价指数（PPI）

[Producer Price Index]

生产者物价指数是用来衡量国内生产者的出厂价格平均变化的指数。与CPI [p135] 一同作为判断通货膨胀率和物价变动率的依据。

1 PPI是企业 [p52] 销售产品和服务 [p13] 时衡量价格变动的指数化指标。包括原材料、中间产品 [p142] 、最终产品 [p142] 等三个生产阶段和产品品类、产业发布的数据。

2 其中，将食品和能源等容易因天气和季节影响而改变价格的产品剔除后，形成的核心PPI尤其受到重视。

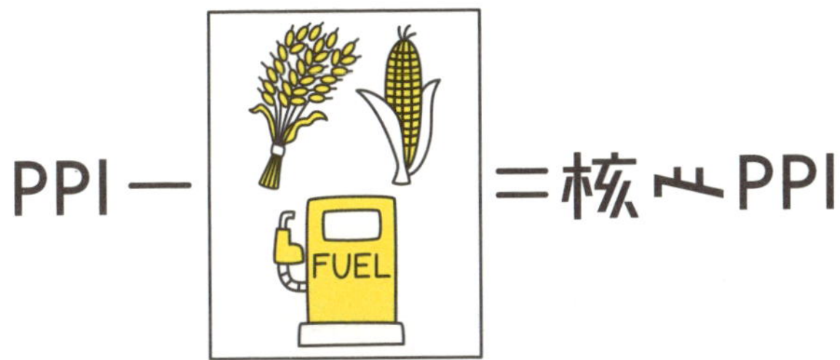

3 可以说，PPI是考虑到未来通货膨胀 [p156] 的可能性，衡量从企业向消费者进行成本转嫁程度的指标。

生产者物价指数（PPI）与企业商品交易价格指数（CGPI）[p138] 都是衡量物价走势的重要指标。

经济增长 [Economic Growth]

指的是一个国家的商品和服务［p13］的生产总值（GDP［p122］）随着时间的推移而持续增加。

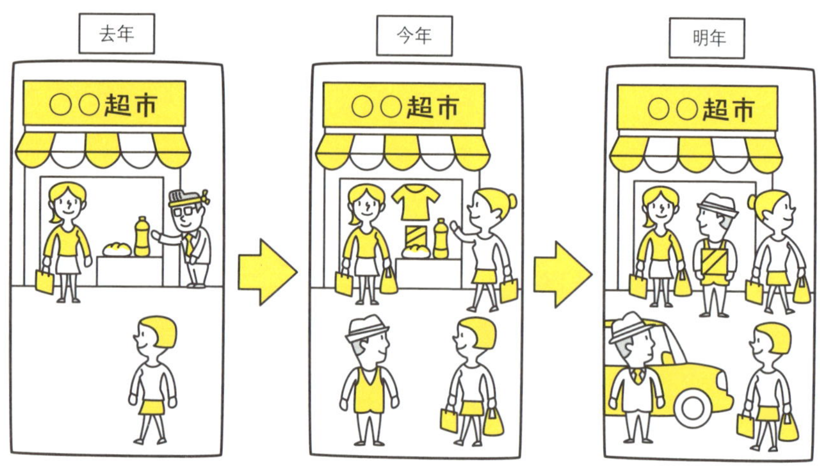

经济增长率 [Rate of Economic Growth]

反映一个国家在一定时期内，经济增长程度的指标。
可以通过GDP［p122］、NI［p133］的增减进行判断。

· A国今年的经济相比去年增长了多少?

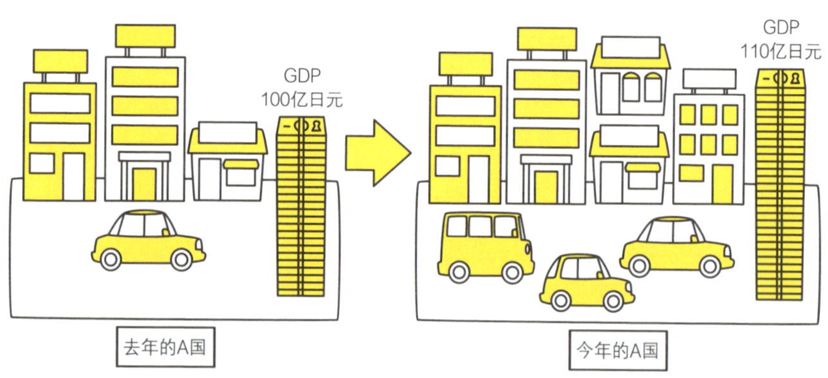

名义GDP增长率

[Rate of Nominal Economic Growth]

反映一定时期内名义GDP [p129] 增长程度的指标。

· 例如，在一个只生产橘子的A国。

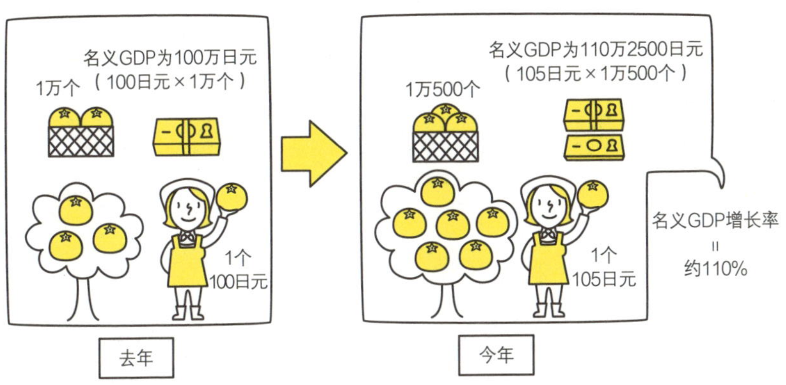

实际GDP增长率

[Rate of Real Eonomic Growth]

反映一定时期内实际GDP [p130] 增长程度的指标。

· 例如，在一个只生产橘子的A国。

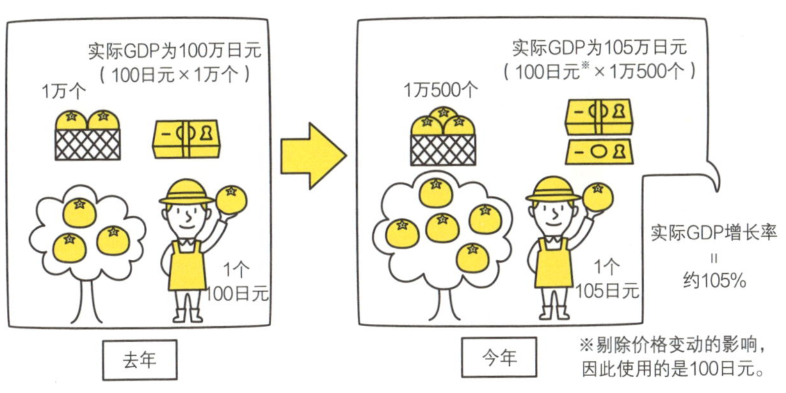

※剔除价格变动的影响，因此使用的是100日元。

最终产品 [Final Procuct]

指的是用于最终消费、投资、出口，可以计入GDP [p122] 的产品，也称最终商品。

以下面的面包店为例。

中间产品 [Intermediate Procuct]

指的是在生产最终产品 [p142] 的过程中，投入的原料或材料，又称中间商品。

同样以面包店为例。

收入 [Income]

指的是经济活动或生产活动的参与者所获得的等价报酬。

工资

地租

利息

利润

国民生产收入

[Productive National Income]

也可以说是不同产业的国民收入。指由一个国家的国民在一定时期内生产出来的金额的总和，主要分为以下几个产业。

第一产业

农业、渔业、林业等利用自然力为主的产业。

第二产业

建筑业和制造业等对原材料进行加工的产业。

第三产业

除上述产业之外的通信、保险等服务型产业。

国民收入分配

[Distribution of National Income]

对国民收入［p133］在参与生产的各生产要素［p15］之间进行分配，主要是劳动者报酬与企业营业盈余。

国民收入支出

[Expenditure National Income]

指的是对国民收入［p133］从支出方面进行的统计。可以通过以下公式计算。

国民消费总支出 ——国民使用的商品和服务的总金额。
\+
政府消费总支出 ——政府支付的公共服务费用和公务员工资的总金额。
\+
国内总固定资本形成——新购买的建筑或机器设备的总金额。
\+
存货增加 ——用金额表示的企业新增库存。
\+
净出口总额 ——出口额减去进口额形成的差额。
=
国民收入支出

不过，因为国民收入支出统计的是国民收入，所以从中剔除了固定资产折旧［p65］和“间接税－政府补助金”。这是国民收入支出与从支出方面统计的GDP［p122］之间的区别。

收入再分配

[Redistribution of Income]

指的是对通过市场经济分配的收入［p143］造成的差距进行调整和纠正的活动。

1 市场经济是竞争社会，一定会产生收入差距。

2 为了纠正这种差距，政府采取各种措施进行收入再分配，使收入由高收入者向低收入者转移。

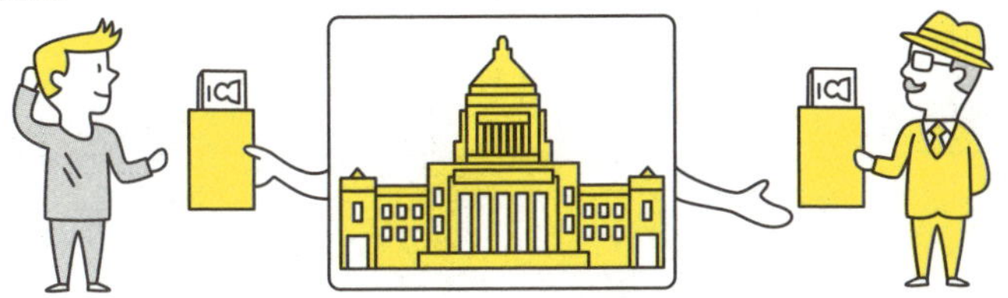

3 例如，累进税制［p146］就是其中的一项，它规定收入越高，税率越高，税收金额和负担比率也越高。

收入低
税金（税率）低

收入高
税金（税率）高

4 另外，政府还会通过支付补助金等方式将税金发放给低收入者，利用这样的社会保障来抑制贫富差距扩大。

累进税制

[Progressive Tax System]

指的是收入 [p143] 越高税率越高，高收入者不仅税金的绝对额高，税金在收入中所占的比重也更高。

1 首先，我们研究一下比例税率的情况。假设某国家的税率统一为5%。

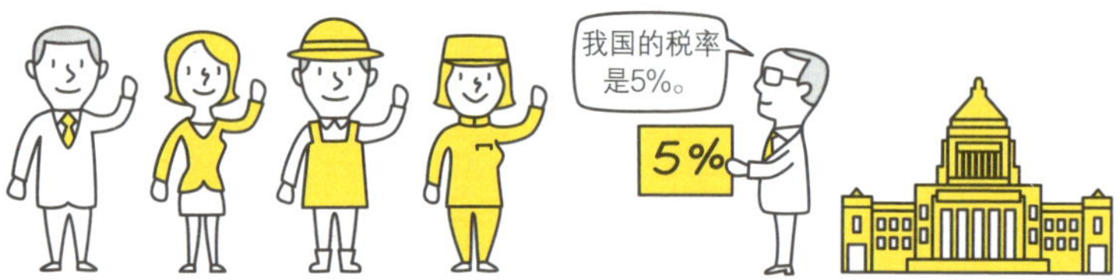

2 在该国家工作的A先生的收入为100万日元，B先生为200万日元，C先生的收入为500万日元，D先生的收入为1000万日元。

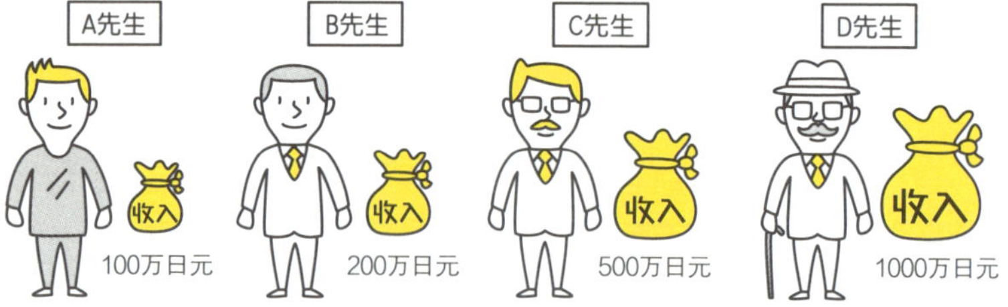

3 在比例税率的情况下，税金如下所示。如果收入增加，税金也会增加，但在收入中所占比率一直为5%。

	收入	税金
A先生	100万日元	5万日元
B先生	200万日元	10万日元
C先生	500万日元	25万日元
D先生	1000万日元	50万日元

4 接下来我们研究一下累进税率的情况。
假设该国家的累进税率如下所示。

收入	累进税率
100万日元以下	5%
100万～200万日元（含200万日元）	8%
200万～500万日元（含500万日元）	10%
500万日元以上	15%

5 在这种情况下，收入越高，税率就越高，因此上文中的A先生、B先生、C先生、D先生的纳税额如下所示。

	收入	税金
A先生	100万日元	5万日元
B先生	200万日元	16万日元
C先生	500万日元	50万日元
D先生	1000万日元	150万日元

6 也就是说，如果收入增加，不仅税金的额度变高，税金占收入的比率也会提高，累进税制是一种收入越高负担越重的制度。

7 通过这一制度，可以避免财富的集中，实现收入的再分配［p145］。

三面等价原则

[Principle of Equivalent of Three Aspects]

指的是从生产、分配、支出三个不同的角度来计算GDP [p122]，所得出的金额应该是相同的。

1 生产指的是，一个国家在一定时期内创造的所有商品和服务 [p13] 的附加价值的总和。

2 分配指的是，一个国家在一定时期内因生产商品和服务而获得的收入的分配。

3 支出指的是，一个国家的国民在一定时期内使用被分配到的工资进行的食品、饮料、生活用品等商品和服务的消费。

4 三面等价原则指的是以上三个的金额是相同的。

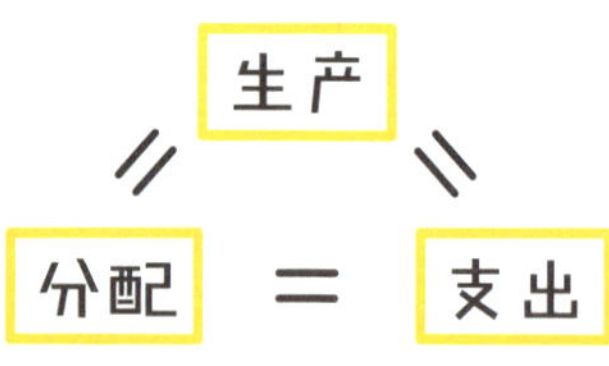

5 假设有一个叫A国的国家，它只生产苹果。这个国家一共有5个国民。A先生是该国苹果园的主人，其余4人在他的苹果园中工作。

6 某年，A国收获了价值200万日元的苹果。A先生向4个人每人支付了30万日元作为工作报酬，剩下的80万日元作为利润，分配给了苹果园的主人A先生。

7 假设A先生用获得的利润购买了80万日元的苹果，其余的4人各买了30万日元的苹果。

8 整理上面的这些内容，可以得出如下图的结果：生产、分配、支出的金额相同，因此三面等价原则成立。

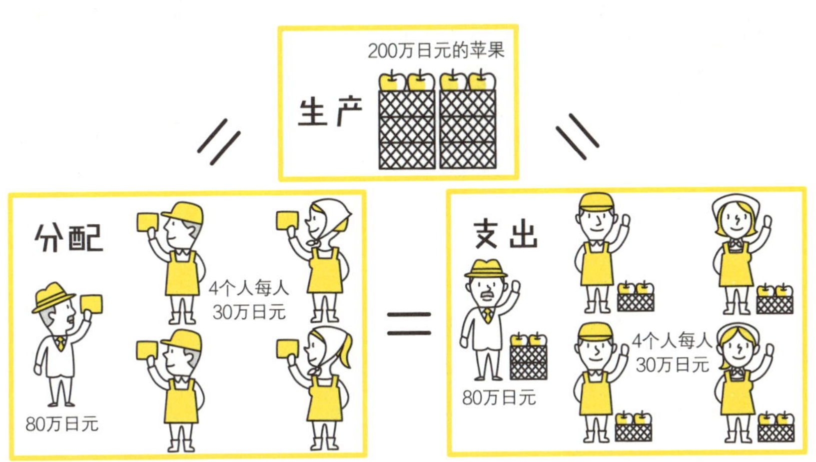

9 如果我们从分配角度仔细地分析一下GDP，可以得出如下公式。该公式中右侧部分被称为国内总收入（GDI）。也就是说，分配层面的GDP=国内总收入（GDI）。

GDP（分配层面）=劳动者报酬+营业盈余+固定资产折旧+（间接税-政府补助金）

10 企业从生产活动中获取收入，并将其以工资的形式分配给劳动者，劳动者报酬指的就是这部分金额。营业盈余是指将企业的收入支付给经营者的报酬部分，以及向提供资金的股东支付的股息红利的部分。

11 另外，生产所必需的机械、工厂等设备的价值在生产过程中一定会产生消耗（固定资产折旧［p65］），这部分成本也包括在内。

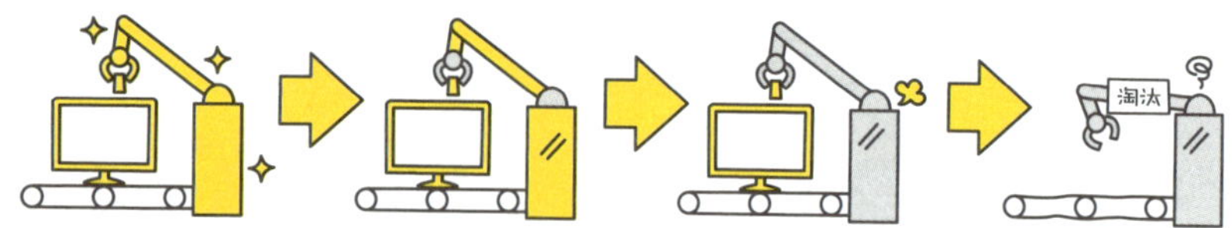

12 在税金中，虽然消费税等间接税是分配的对象，但政府补助金也相当于企业的收入，所以在分配层面需要将其剔除。

13 接下来，我们再从支出角度仔细地分析一下GDP，可以得出如下公式。该公式中右侧部分被称为国内总支出（GDE）。也就是说，支出层面的GDP=国内总支出（GDE）。

GDP（支出层面）=国民消费总支出+政府消费总支出+国内总固定资本形成+存货增加+净出口总额

14 国民消费总支出是指企业或个人在消费商品和服务时支付的费用。

15 政府消费总支出是指政府负担的支出，包括公务员工资、公共医疗保险、公共设施的固定资产折旧以及公共机关的商品和服务支出。

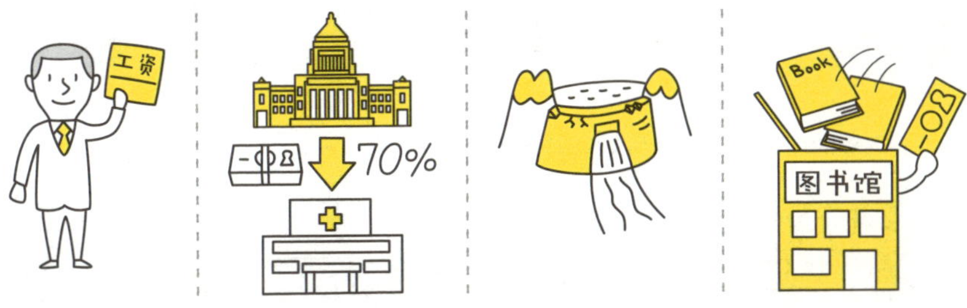

16 国内总固定资本形成是指该国家、企业或个人新增的固定资产（建筑或机械设备等）的总和，反映了该年的投资资产。

17 存货增加是指企业在该年内生产的商品，相当于未来可以获得利润的销售额，因此虽然尚未售出成为剩余库存，但仍被视为未来的支出。
净出口总额是指出口额减去进口额形成的差额，可以反映本国的商品和服务在国外的消费量。

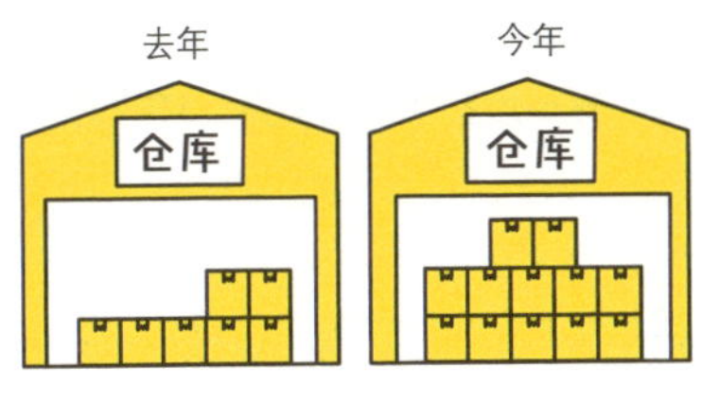

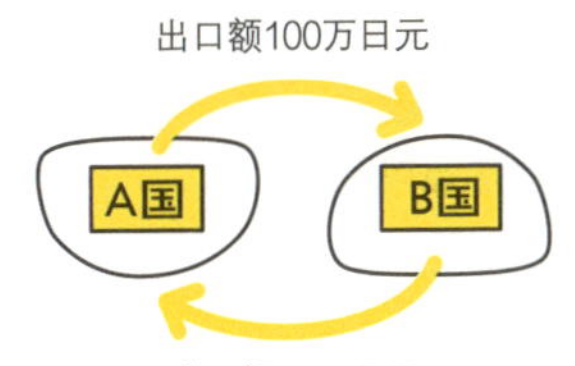

这种情况下，净出口总额为：
100万日元−80万日元=20万日元。

如上所述，生产法GDP = 分配法GDP（GDI）= 支出法GDP（GDE），因此被称为三面等价原则。

货币 [Money]

货币是指在获得商品和服务［p13］时作为代价支付的“金钱”。货币有三个职能。

1 表现商品的价值，为所有商品标价。

2 作为支付的手段，用于商品交换时的结算。

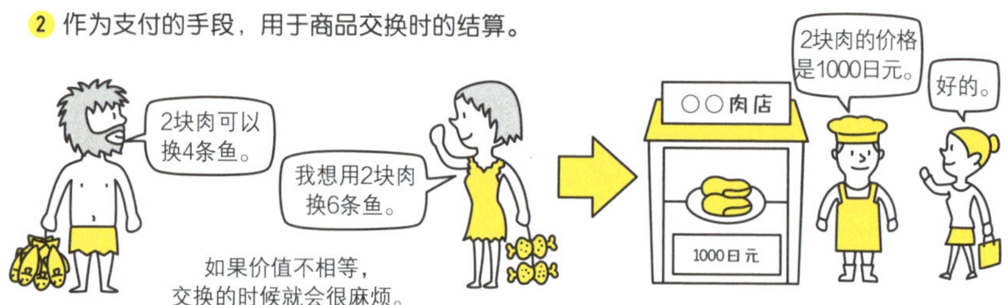

3 贮藏手段，以备不时之需。

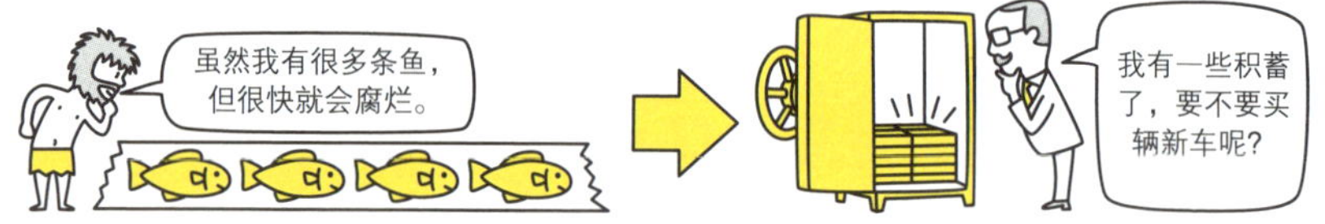

金融 [Finance]

指的是家庭［p19］、企业［p52］、政府之间，有多余资金的人向资金短缺的人进行的资金融通等经济活动。

银行 [Bank]

指的是为个人或企业［p52］保管资金，并为个人或企业提供资金出借业务的金融机构。银行的业务主要有下面三种。

1 充当贷款人和借款人的中介。

2 使用银行账户进行结算。

3 银行通过反复的存款和贷款，使金钱不断增加。这个职能叫作信用创造［p192］。

如上图所示，银行将其负责保管的一部分存款用作贷款，这部分贷款又作为存款被存入银行，接下来存款又会有一部分被用作贷款，并再次作为存款被存入银行……这样重复的过程即为信用创造。

中央银行 [Central Bank]

指的是负责管理一个国家货币和金融 [p152] 制度的中心机构。日本的中央银行为日本银行，美国的则为美国联邦储备委员会（FRB），名称不一。中央银行主要有三个职能。

1 作为发行的银行。

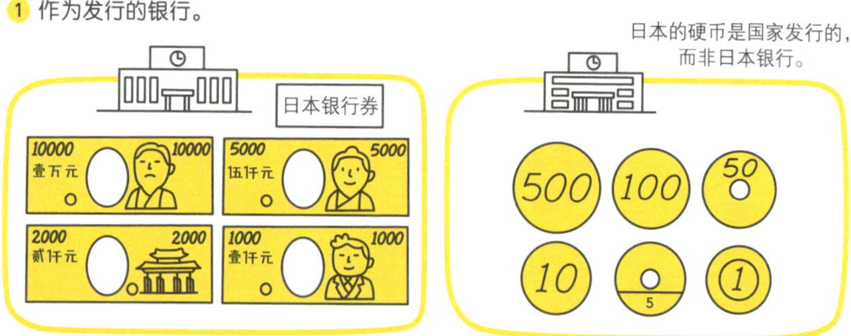

2 作为政府的银行。

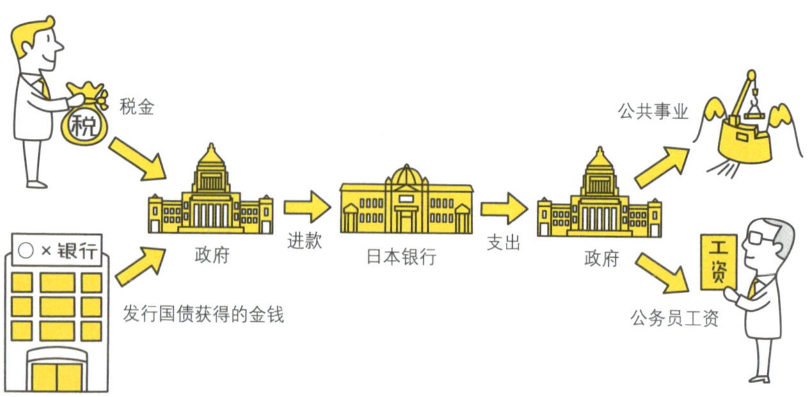

3 作为银行的银行。

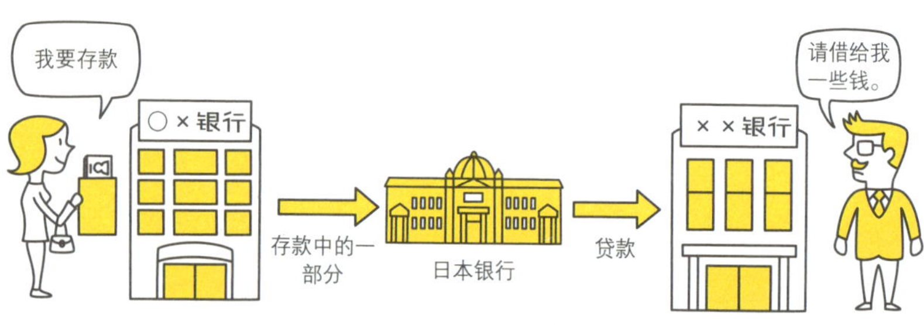

附加价值 [Added Value]

指的是从企业 [p52] 新生产的商品和服务 [p13] 的产值中，减去为了生产该产品而使用的原材料和中间产品 [p142] 的成本后得到的差额。

1 一个农民向一家面包店批售了一些面粉。假设面粉没有中间产品，农民的这次交易产生了如下附加价值。

2 然后，面包店用这些面粉制作了价值50万日元的面包，其中35万日元的面包在店内出售。一家酒店听说面包店的面包很好吃，因此购买了剩下的15万日元的面包。

3 酒店将15万日元的面包以及周到的服务一起以30万日元的价格销售出去。

4 综上所述，最终产品的合计金额与附加值的合计金额一致。

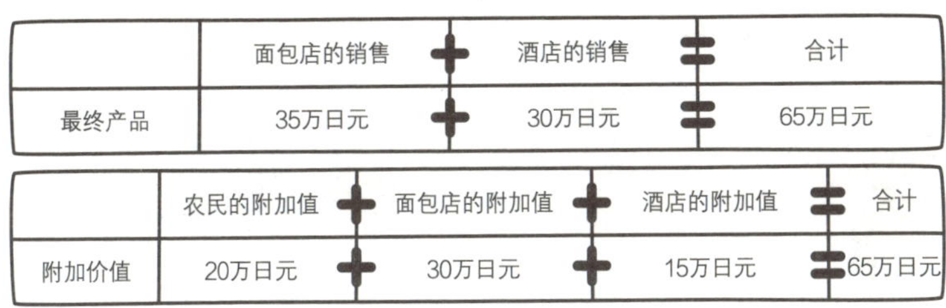

	面包店的销售	+	酒店的销售	=	合计
最终产品	35万日元	+	30万日元	=	65万日元

	农民的附加值	+	面包店的附加值	+	酒店的附加值	=	合计
附加价值	20万日元	+	30万日元	+	15万日元	=	65万日元

通货膨胀 [Inflation]

指的是物价［p134］的长期持续性上涨，会造成货币［p152］的实际价值［p16］下降的现象。

- 通货膨胀指的是商品和服务［p13］的价格上涨，而货币贬值的现象。

1 原因之一是，多个领域的商品和服务的需求超过了供给。由于商品和服务的供给不足，价格上涨，引发通货膨胀。

· “想要”某种商品的人数增加了。

· 想要这件商品的人，即使价格贵也想购买，卖方处于有利地位。因为卖方想尽可能地多赚钱，所以他们会提高价格。价格一上涨，物价就会上涨。

2 原因之二是，制造商品的成本在上升。

· 因为公司的员工要求涨工资，所以公司上调了工资。

・商品原材料的价格上涨了。

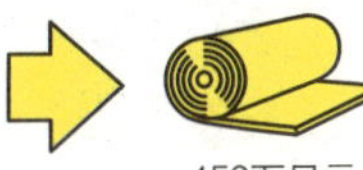

100万日元　50万日元　→　150万日元　80万日元

・为了弥补人工成本和原材料成本上升的部分，生产者上调了商品的价格，物价随之上涨，引发通货膨胀。

3 原因之三是，由于货币供给量增加而引发通货膨胀。

・如果供给的货币超出经济增长率，工资就会增加。

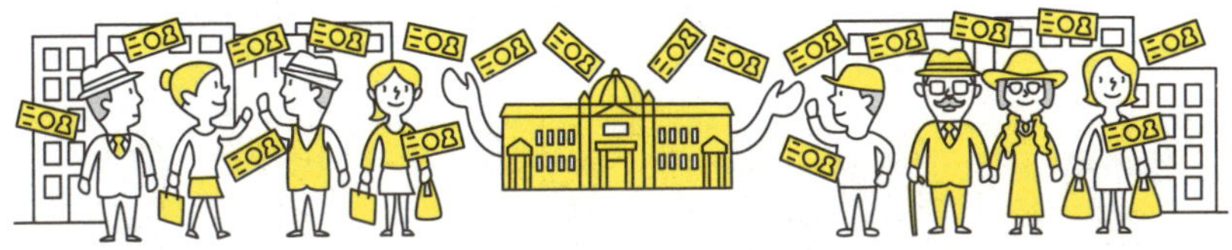

・人们觉得自己的购买力增加了，就会大量购物。一旦商品畅销，工资就会提高。然后，人们会买更多东西，需求增加，物价也随之上涨。

恶性通货膨胀

[Hyper Inflation]

指的是在短期内，通货膨胀［p156］持续恶化，物价［p134］的上涨率达到了数十倍、数百倍甚至数千倍的现象。

1 在轻微通货膨胀的情况下，工资上涨，需求也会增加，经济也在增长。

2 但是，如果某国因政局不稳而债台高筑，由于货币短缺，因此印刷了大量钞票发给国民。于是，人们持有的货币增加了。

3 社会上流通的货币数量激增，货币的价值就会下降，商品的价格则会急剧上升。

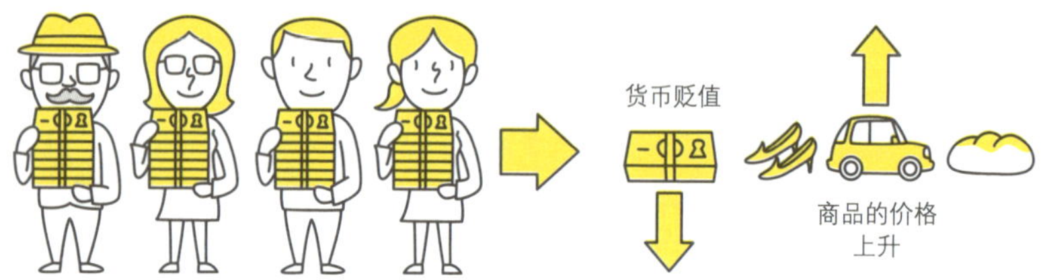

4 这种极端状态的通货膨胀被称为恶性通货膨胀。第一次世界大战后的德国和2000年至2010年的津巴布韦都是代表性例子。

通货紧缩 [Deflation]

指的是物价 [p134] 持续下降的状态。也可以说是商品和服务 [p13] 的价格持续下降的状态。

1 以前需要支付3000日元才能买到的衬衫，现在只要1000日元就能买到了。

2 从买方的角度来看，物价降低得到了实惠，但从卖方的角度来看，利润减少了一部分，因此会采取降薪或者裁员等举措来弥补。

3 如果工资下降，人们就会通过抑制消费来弥补收入的损失，因此商品和服务的销量会降低。

4 长此以往，商品的价格就会持续下降。

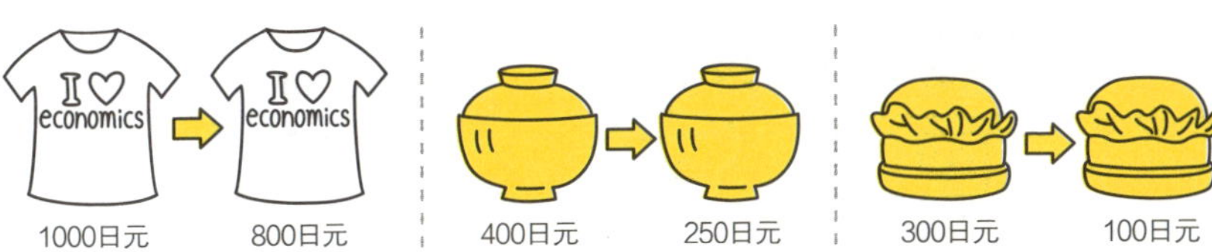

螺旋式通货紧缩 [Deflationary Spiral]

指的是经济像螺旋一样，陷入了持续低迷的恶性循环。

1 如果陷入通货紧缩状态，由于商品价格一直降低，销售额持续减少，企业就会对经济形势产生悲观情绪。

2 因此，他们会减少设备投资，降低员工工资，甚至开始裁减员工。

3 这样一来，企业和个人对将来越来越不安，购物意愿也持续降低。

4 如果这种状态像螺旋一样持续下去，经济就会持续低迷。

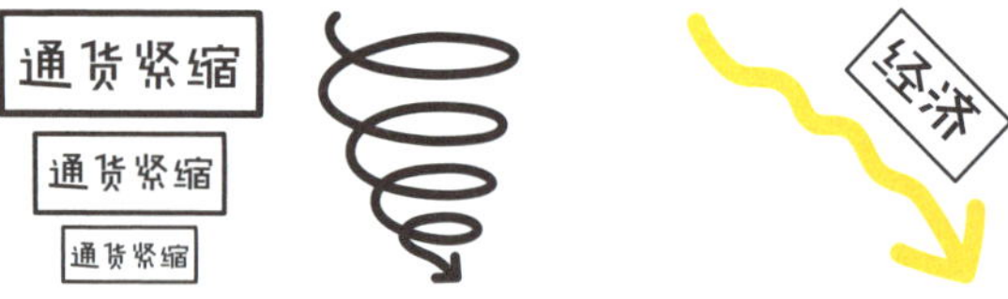

停滞性通货膨胀 [Stagflation]

停滞性通货膨胀(Stagflation)，简称滞胀，它是经济停滞(Stagnation)与高通货膨胀(Inflation)共同组成的词汇，通俗来讲，它指的是物价上升，但经济 [p196] 却停滞不前。

1 一般而言，如果经济衰退或停滞，需求就会减少，物价随之下降。

2 但是，虽然经济停滞，工资等收入不会增加，仍有可能发生物价上涨的情况。这种现象就被称为停滞性通货膨胀。

3 工资没有上涨，但是物价一直上涨，对国民而言这是非常困难的状况。

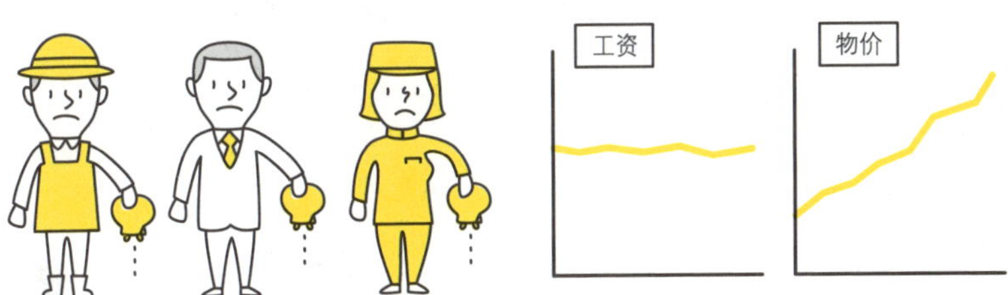

日本在1973年的第一次石油危机的时候，尽管经济停滞不前，但仍然陷入了卫生纸等价格上涨的停滞性通货膨胀。

泡沫经济 [Economic Bubble]

泡沫经济是指股票、土地等资产的价格 [p100] 远高于作为其评估基础的实体经济增长率 [p140] 可以支撑的水平。一般而言，日本的泡沫经济指的是20世纪80年代后期发生在日本的经济现象。

1. 20世纪80年代前期，日本经济高速发展，生产了很多优质、便宜的日本产品，并大量出口到美国。

2. 美国因为从日本进口这些产品，造成本国的产品滞销。

3. 为了减少从日本进口商品，美国认为，如果让日元升值 [p210]，美元贬值就可以改善这种状况，于是双方在1985年签署了“广场协议”。

日元贬值，美元升值

↓

日元升值，美元贬值

4. 日元升值的话，日元的价值就会提升，因此日本产品在美国销售的时候，价格会上涨，销量就会受到影响。

日元贬值，美元升值

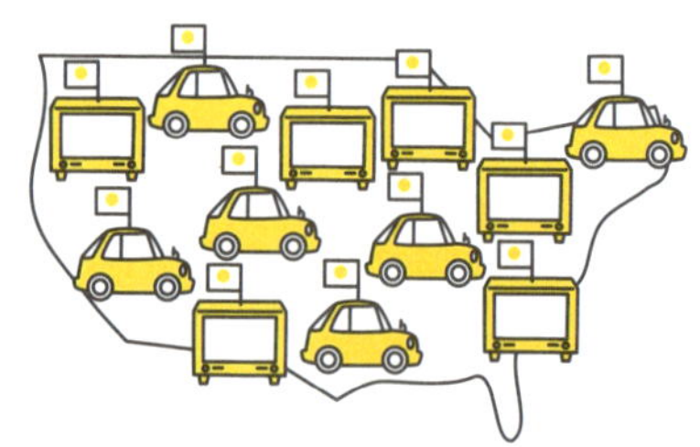

日元升值，美元贬值

5 随着日元升值，美元贬值政策的推进，依赖出口的日本企业受到了沉重打击，日本经济陷入了萧条的状态。

6 当时的日本政府为摆脱经济萧条，降低了银行利率，使企业更容易进行新事业的投资。

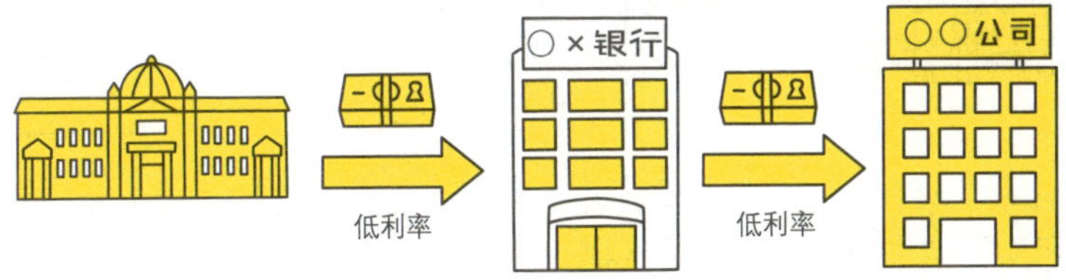

7 随着银行利率的下降，从银行贷款后购买土地的人与日俱增。然后他们再以那块土地为担保向银行贷款，继续购买土地，并重复此操作，造成了土地价格上涨。随着充足的资金流入股票市场，又引发了股价暴涨。

8 其结果是，土地和股票的价格严重偏离实际价值，像泡沫一样膨胀起来。此后，随着政策转向为金融紧缩，加之金融机构对房地产融资的限制，土地和股票的资产价格不断下跌。

由于土地和股票价格的大幅下跌，不仅企业和个人蒙受了损失，而且由于担保价值下降，贷款的偿还就变得十分困难，会给金融机构带来收不回贷款的不良债权问题。

存款准备金制度

[Reserve Deposit Requirement System]

指的是金融机构有义务将一定比率（存款准备金率）以上的存款存入中央银行[p154]的制度。

1 该制度是调整市场中货币供应量的金融政策之一。以日本为例，作为该制度适用对象的金融机构，必须在日本银行拥有账户，并有义务将规定的金额存入其中。

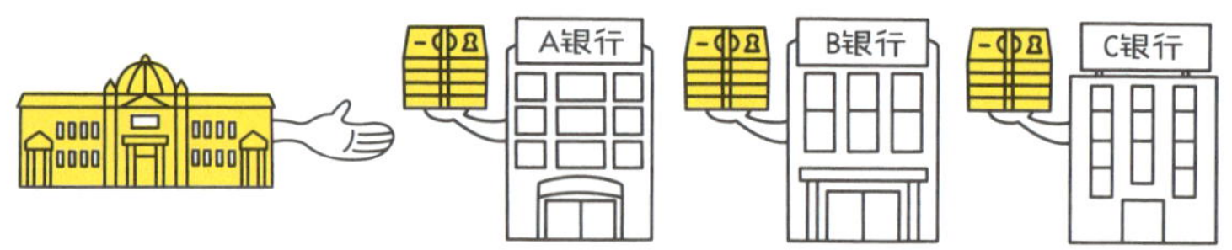

2 如果日本银行调高存款准备金率，金融机构存入日本银行的资金就会增加，这样一来，市场上用以贷款的资金量就会减少，最后会达到货币紧缩的效果。

3 与之相反，如果降低存款准备金率，金融机构用于贷款的资金量就会增加，因此会达到货币宽松的效果。

目前，包括日本在内的发达国家的短期资金市场，只有将该制度作为货币宽松和货币紧缩的手段使用时，才会调整存款准备金率。

有效需求原理

[Principle of Effective Demand]

指的是国民收入 [p143] 的大小和社会就业量取决于有效需求的原理。该理论是由凯恩斯 [p266] 提出的。

1 有效需求是指，在对商品和服务 [p13] 有购买意向的基础上，还拥有可以购买这些商品和服务的金钱，即可以保证货币支出的需求。

2 凯恩斯认为失业人口多是相对供给 [p35] 而言需求 [p35] 不足造成的，他认为必须扩大需求。

3 因此，他主张政府应该积极干预经济，通过建设水坝和道路等公共事业刺激投资，创造需求。

4 另外，凯恩斯还主张政府应该通过实行减税政策，增加消费者的实际收入，以促进消费。

负所得税（正所得税）

［Negative Income Tax（Positive Income Tax）］

指的是政府针对低收入［p143］人群，通过所得税制度，根据其实际收入与维持一定社会收入水平（最低征税额）之间的差额，依率计算给予一定补助的制度。

1 所谓的负所得税制度的产生背景如下。
假设有一个国家，这里有一个由父母和两个子女组成的四口之家。

2 如果四口之家的年收入在200万日元以下，国家将针对其差额支付负所得税（设为10%）。也就是说，如果没有人工作的话，他们可以从国家领取20万日元（200万日元×10%）的补助。

3 假设父亲找到了工作，年收入为150万日元，与200万之间的差额为50万日元。于是，他们可以从国家领取5万日元（50万日元×10%），因此，这个家庭的年收入就变成了155万日元。

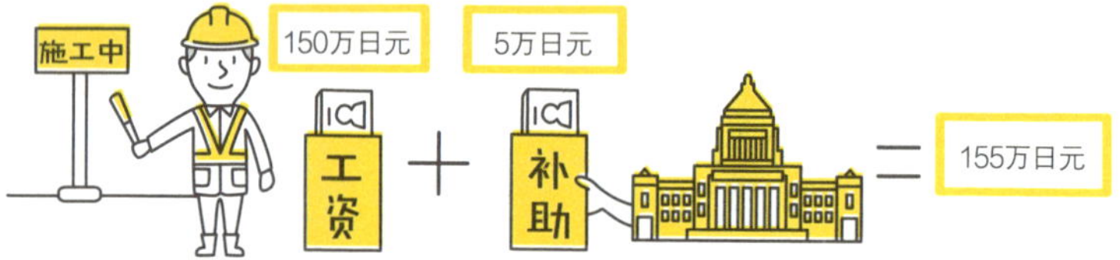

4 由此可见，虽然国家会给予补助，但其金额只相当于所得税。因此只有努力工作，收入才会增加，激发人们通过工作获取更多收入的欲望。假如不足200万日元的部分，国家全部给予补助的话，人们会因为不用工作就可以获得200万日元的补助而丧失工作的热情。

5 接下来，只依靠父亲一个人工作生活十分艰难，因此母亲也出去工作了。母亲通过打工，一年可以收入60万日元。

6 因此，这个家庭的收入为父亲的150万日元加上母亲的60万日元，合计为210万日元，超过了需要缴纳所得税的最低收入200万日元。

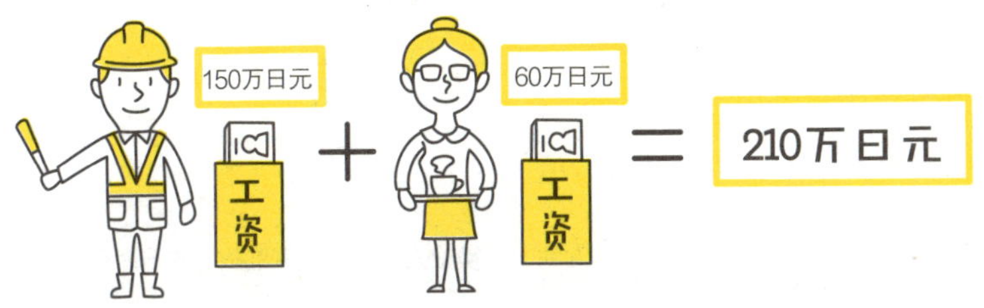

7 如果超过最低征税额的话，会对超过200万日元的部分征收所得税。这叫作正所得税。在上文所述的情况下，需缴纳（210万日元-200万日元）×10%=1万日元。

8 也就是说，国民根据收入向政府支付税金的制度叫作“正所得税”。与此相反，对于收入未达到一定水平的人，政府向其支付税金的制度叫作“负所得税”。

- **正所得税=（实际收入额-最低征税额）×税率**

  →按此公式计算出来的金额缴纳给国家。

- **负所得税=（最低纳税额-实际收入额）×税率**

  →按此公式计算出来的金额由国家给予补助。

在负所得税的制度中，政府会给予低收入者一些补助，当他们工作有了一定的收入，补助额度会被相应削减或变为征税对象，因此负所得税的目的是解决工作意愿较低、无法自力更生等问题。

IS-LM模型 ［IS-LM Model］

通过分析利率和国民收入［p133］的关系，找到使商品和服务［p13］市场［p20］与货币［p152］交易市场（货币市场）同时达到均衡状态的分析方法。也被称为IS-LM分析。

● 英国经济学家约翰·希克斯（1904—1989）根据英国经济学家约翰·梅纳德·凯恩斯［p266］的《就业、利息与货币通论》概括出的一种分析方法。

约翰·梅纳德·凯恩斯

约翰·希克斯

1 在这个IS-LM模型中，使用了纵轴为利率，横轴为国民收入的曲线，来分析商品和服务市场与货币市场的关系。

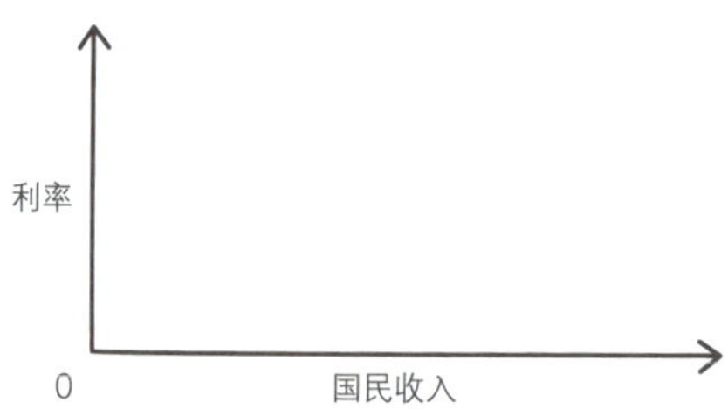

2 我们首先看一下IS曲线。IS曲线反映的是商品和服务市场的总需求与总供给达到均衡状态时国民收入和利率的关系组合。I意为投资（Investment），S指的是储蓄（Saving）。

3 商品和服务市场的总需求指的是消费和投资，总供给则为国民收入。这两项达到均衡状态时可以得出如下公式：

消费+投资=国民收入

也就是说

总需求=总供给

可以进行如上的置换

4 上述公式变形后可以得出“投资=国民收入-消费”。我们获得的收入中除了用于消费商品和服务，剩余的未使用的金钱会用于“储蓄”，因此可以进行如下公式。

投资（I）=储蓄（S）

5 也就是说，商品和服务市场的需求和供给的均衡状态，相当于投资和储蓄相等的状态。

6 接下来让我们研究一下 1 中的图表。
在考量利率和国民收入之间的关系时，关键在于投资。
如果利率上升，投资就会减少，因此，对商品和服务的需求就会减少。
为了使其达到均衡状态，供给（国民收入）也会减少。
因此，IS曲线是向右下方倾斜的曲线图。

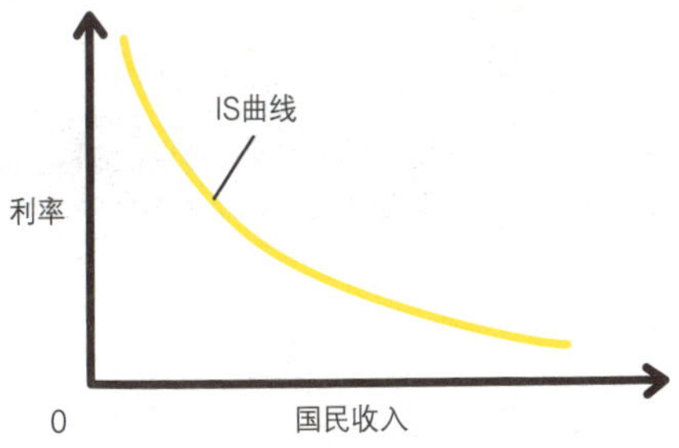

7 为什么利率上升投资就会减少呢？例如，企业（或个人）计划扩大事业，为了建立新工厂他们会向银行贷款，但如果利率太高，贷款意愿就会降低。

8 接下来，我们来看一下LM曲线。LM曲线反映的是货币市场上货币的需求和供给达到均衡状态时国民收入和利率的关系。L是货币需求（Liquidity Preference，流动偏好［p226］），M是货币供给（Money Supply）。

9 如果收入增加，人们的消费也会增加。因此对交易所需的货币的需求也会增加。

10 在货币供给量既定的情况下，货币需求的增加会引起利率上升。也就是说，如果国民收入增加，为了维持物价稳定，利息率必须上升，因此LM曲线是向右上方倾斜的。

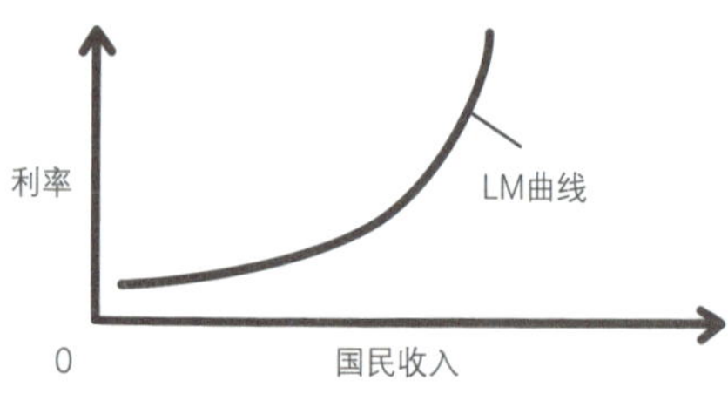

11 IS与LM两条曲线的组合，不仅可以用于找到商品和服务市场以及货币市场的均衡状态，还可以用来分析财政政策和金融政策对经济带来的影响。

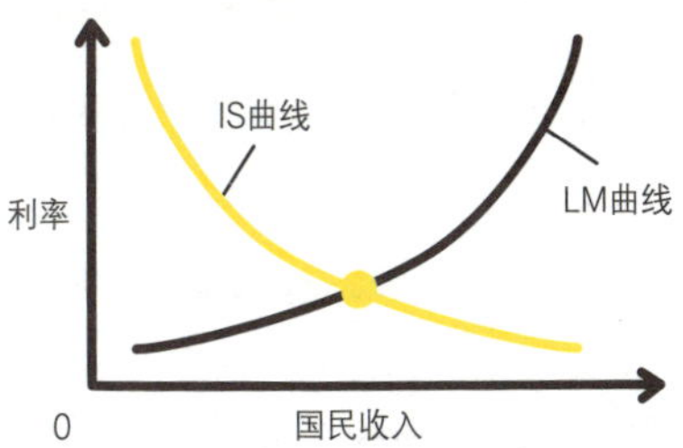

12 我们以下面的例子来看一下财政政策对经济的影响。
为了刺激经济、增加就业，政府增加了公共投资。

13 于是，消费和投资受到刺激，IS曲线会向右侧迁移，国民收入会增加。

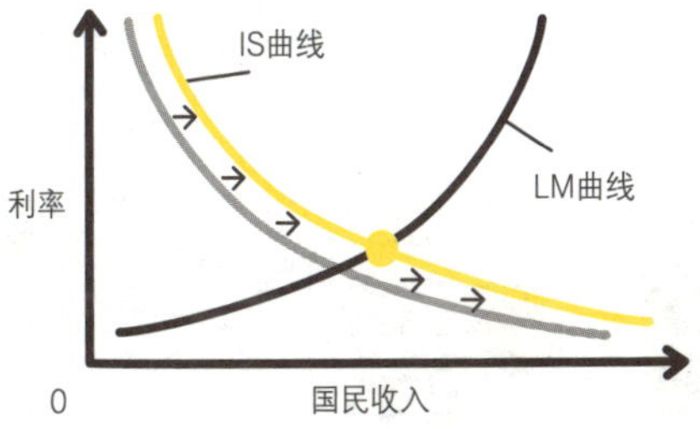

14 再来看一下通过金融政策刺激经济的情况。如果采取增加货币供给的金融政策（物价稳定的前提下），利率就会下降，LM曲线向右侧迁移，国民收入就会增加。

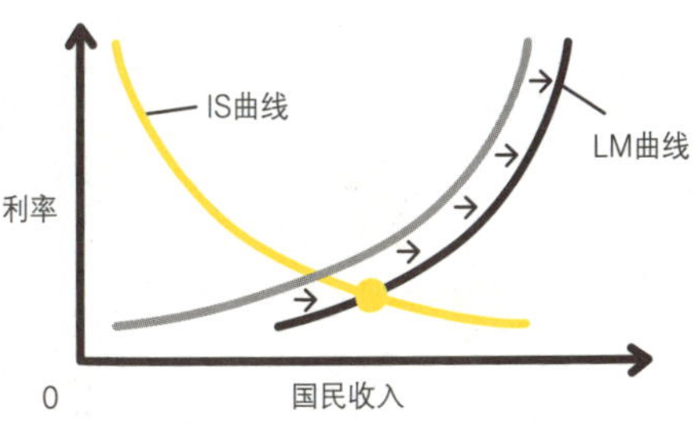

消费函数 [Consumption Function]

表示消费和收入关系的函数，用于反映收入［p143］水平对社会总消费额产生的影响。

1 约翰·梅纳德·凯恩斯［p266］认为“收入的多少决定了消费的多少”，并提出了以下公式。

$$C = cY + b \quad (0<c<1,\ b>0)$$

C=消费　Y=收入　b=基础消费

2 所谓基础消费是指，即使收入为零，也会产生的衣食住行等必要消费。

3 c叫作边际消费倾向，表示收入增加一单位（例如1万日元）时，消费的增加量。

4 0＜c＜1＜指的是，消费增加的范围不会超出收入增加的范围，例如，当c＝0.6时会发生如下所示的情况。

1万日元（Y）×0.6（c）＝6000日元

5 假设A先生的年收入为20万日元，B先生的年收入为25万日元。假设两人的基础消费为5万日元，边际消费倾向为0.6，那么两人的消费额如下所示。

A先生

C=20万日元×0.6+5

C=17万日元

A先生的消费额=17万日元

B先生

C=25万日元×0.6+5

C=20万日元

B先生的消费额=20万日元

6 另外，该公式可以进行如下置换。

$$\frac{C}{Y}=c+\frac{b}{Y}$$

7 C/Y表示消费在收入中所占的比率，被称为平均消费倾向。
以下是A先生的平均消费倾向。

A先生

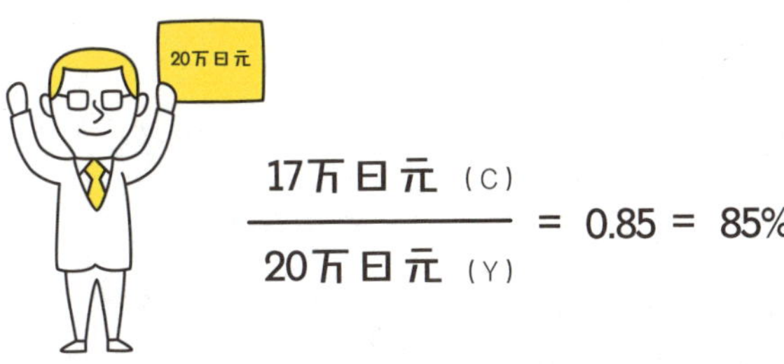

8 收入越高，C/Y（平均消费倾向）就越低。也就是说，如果收入增加，消费支出的比率就会下降，储蓄的比率会上升。

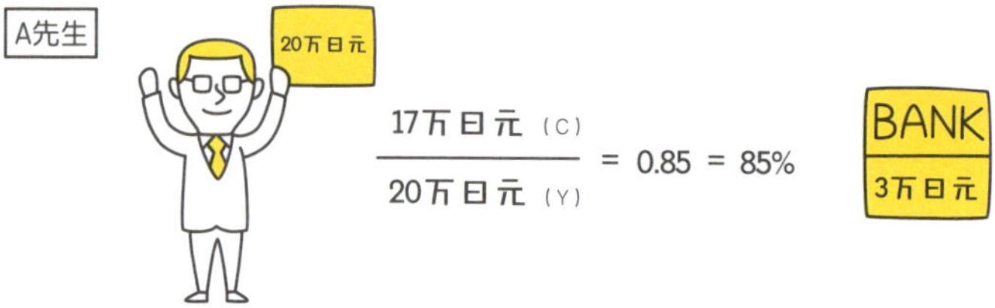

A先生

20万日元

$$\frac{17\text{万日元 (C)}}{20\text{万日元 (Y)}} = 0.85 = 85\%$$

BANK
3万日元

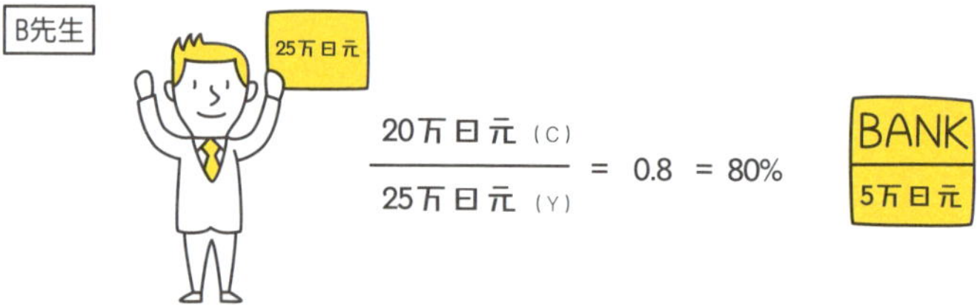

B先生

25万日元

$$\frac{20\text{万日元 (C)}}{25\text{万日元 (Y)}} = 0.8 = 80\%$$

BANK
5万日元

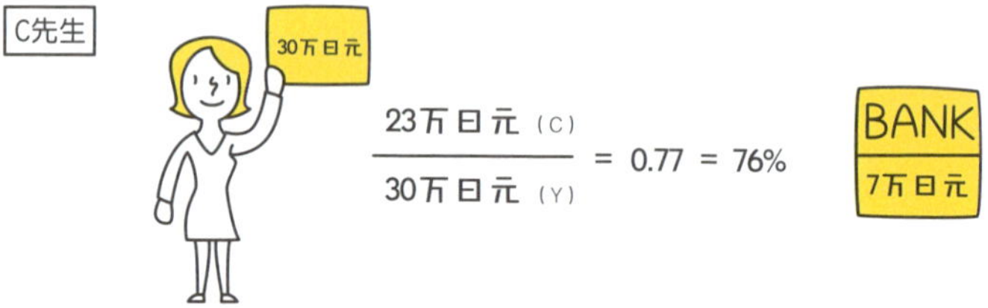

C先生

30万日元

$$\frac{23\text{万日元 (C)}}{30\text{万日元 (Y)}} = 0.77 = 76\%$$

BANK
7万日元

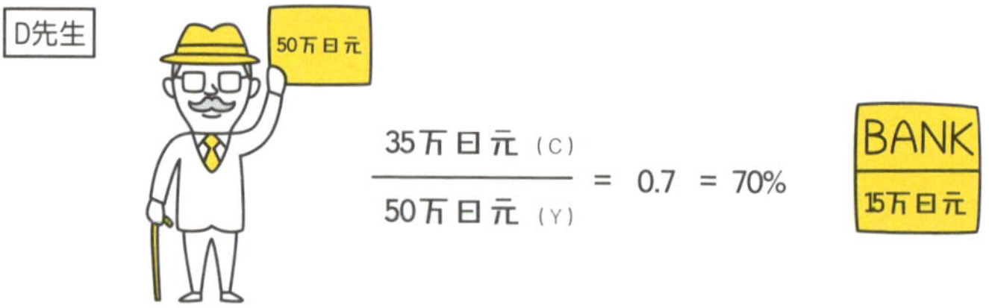

D先生

50万日元

$$\frac{35\text{万日元 (C)}}{50\text{万日元 (Y)}} = 0.7 = 70\%$$

BANK
15万日元

9 但是，后来西蒙·库兹涅茨［p233］对美国在自1869年至1938年国民收入与消费的长期统计中发现，人们的平均消费倾向大致稳定在0.9，即c=0.9Y，从而引发了关于消费函数的争论。

10 此次争论后，产生了几种说法。

第一种是相对收入假说，指的是消费不仅受到现在收入水平的影响，也受到了过去最高收入水平的影响，生活习惯不会突然发生改变。

11 第二种是持久收入假说，即消费主要依赖于收入中除变动收入（彩票、奖金等）外的持久收入（工资、酬劳等）。

12 第三种是生命周期假说，也就是说，个人的消费行为由这个人一生中获得的终生收入决定。

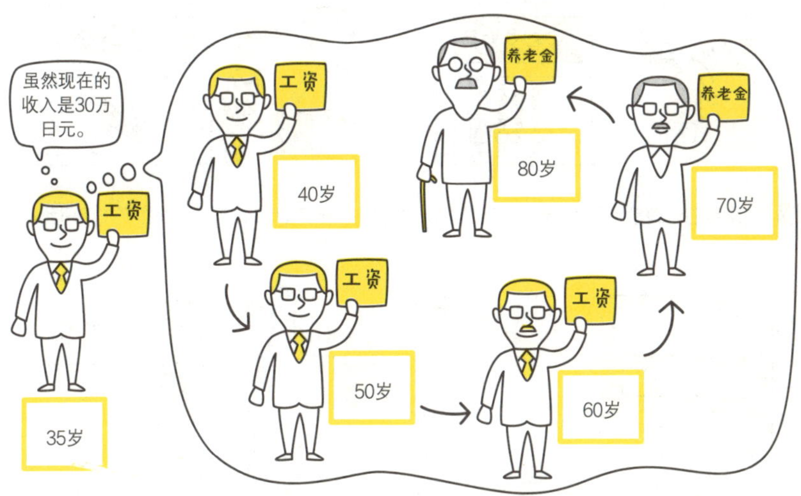

乘数效应 [Multiplier Effect]

当政府增加公共投资或者企业 [p52] 增加投资时，可以形成收入 [p143] 增加、消费扩大的良性循环，从而使国民收入达到与最初的投资相比成倍增加的效果。

1 假设政府进行了一项100亿日元的公共投资，修建了道路。

2 其结果是，道路建设公司的营业额增加了100亿日元（公共投资的份额），其员工的工资增加了50亿日元。

3 假设员工从增加的收入中拿出15亿日元用于消费，增加了百货商店的销量。

4 百货商店的营业额因此增加了15亿日元，商店员工的工资等收入总计增加了10亿日元。

5 百货公司的员工们从10亿日元的收入中取出3亿日元，用于在外就餐。

6 于是，餐饮店的销售额增加了3亿日元，餐饮店员工的收入总计增加了1亿日元。

7 餐饮店的员工们从1亿日元的收入中取出5000万日元，用于购买商品和服务。

8 如上所述，国民收入的增加会促使消费增加，从而引发连锁反应。

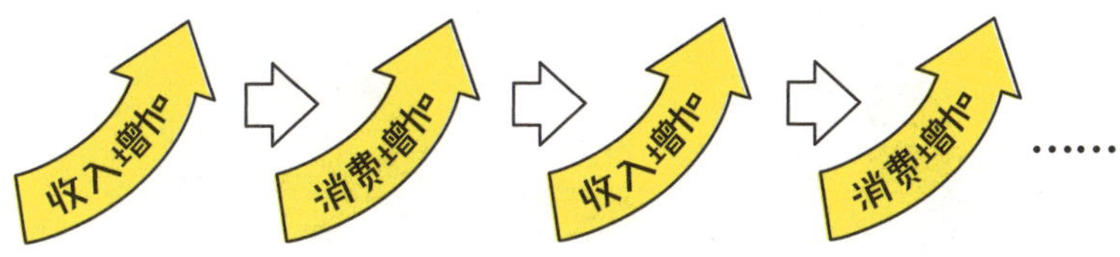

9 另外，道路建设公司增加的100亿日元的营业额中，有30亿日元被用于购买工程设备等。

10 于是，工程设备公司的营业额增加了30亿日元，该公司员工的收入增加了，消费也随之增加。

11 通过上述的各种途径引发连锁反应，使国民的收入增加了500亿日元。

12 假设100亿日元的投资带来了500亿日元的新增国民收入，产生了5倍的影响。其中的5倍就叫作乘数，其影响被称为乘数效应。

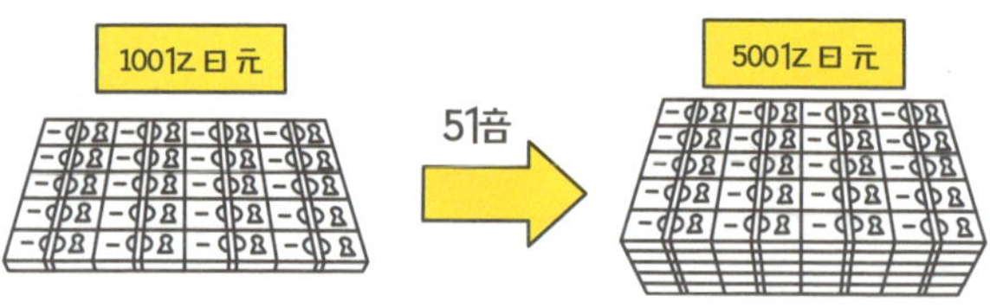

财政赤字 [Budget Deficit]

指的是国家或地方政府的财政支出（年度支出）超过财政收入（年度收入）的状态。

① 为了弥补资金短缺，政府通常会采取发行国债或地方债等措施，筹集资金。

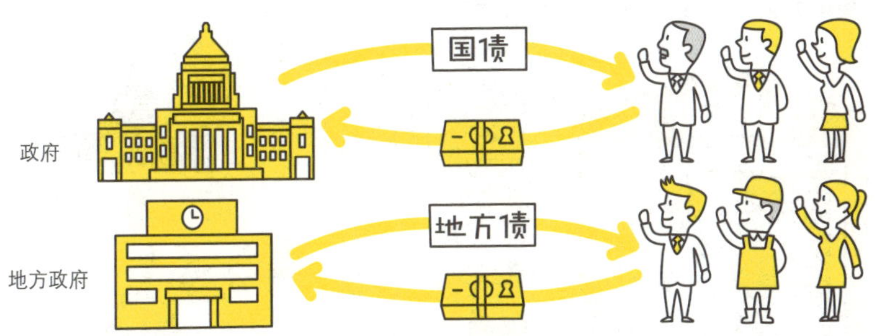

② 如果财政赤字不断累积，国债和地方债的发行余额就会增加，也就是说债务会增加。

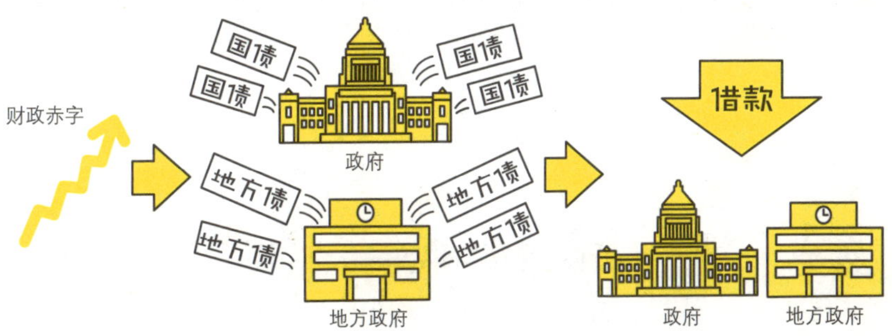

③ 如果财政赤字继续累积，财政将会陷入困境，最坏的情况还会导致财政破产。

一般而言，财政赤字占国内生产总值的比重（赤字率），常被作为衡量国家财政风险的重要标准。

内在稳定器

[Built-in Stabilizer]

指的是税收制度和社会保障制度等可以自动稳定经济景气［p196］的内在机制。

1 以日本的法人税为例。如果经济萧条，因为企业的利润降低，他们需要支付的法人税就会减少，如果发生亏损，还可以不支付法人税。

2 降低法人税的缴纳额甚至免缴，可以发挥类似减税的效果，因此起到防止经济进一步恶化的作用。

3 与之相反，在经济过热的情况下，虽然利润在增加，但支付的法人税也随之增加，因此发挥了类似增税的效果，进而起到抑制经济过热的作用。

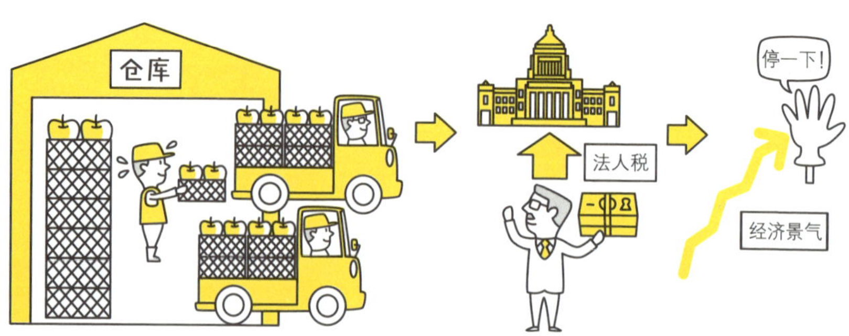

4 失业保险制度也有同样的效果，如果经济萧条，失业人口增加，支付的失业保险也随之增加。

5 因为失业者可以领取保险，所以起到了遏制消费萎缩的作用。

6 与之相反，如果经济状况好转，支付的失业保险就会减少。

7 如此一来，资金供给量就会减少，进而起到抑制经济过热的作用。

如上所述，通过税收制度和社会保障制度，可以“自动地”抑制经济过热和消费低迷。

挤出效应

[Crowding Out Effect]

指的是，尽管政府增加了支出，但由于利率升高，造成私人投资减少的现象。

1 例如，假设某个国家为了刺激经济，决定实施大规模的公共投资。

2 为了筹集这项公共投资的资金，需要大量发行国债。

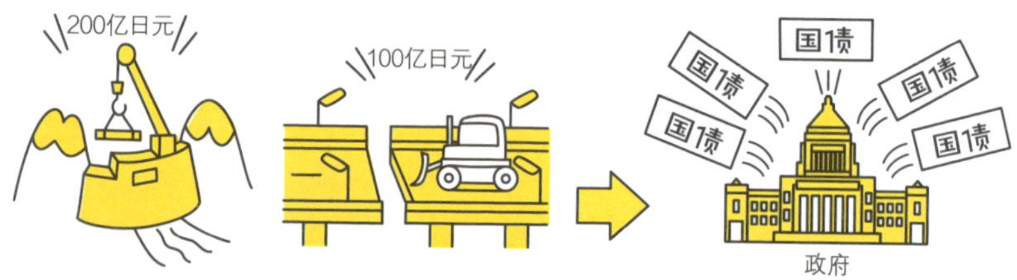

3 因为国债的发行对象是民间的金融机构、法人和个人，因此可以说政府资金是通过民间筹集来的。

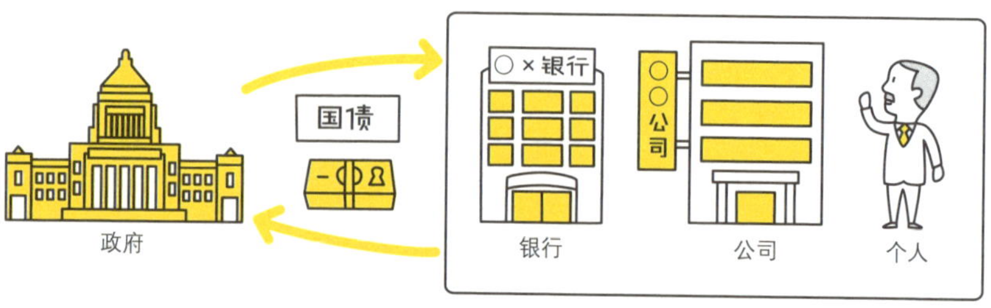

4 政府通过发行国债吸收了民间资金，这样一来，民间流通的资金量就会减少。

5 当企业想从银行等部门筹集资金，进行设备投资时，由于借款人较多，很多企业都想筹集资金，市场利率就会因此升高。

6 利率上升会导致公司筹集资金更加困难，进而造成投资和消费的萎缩。

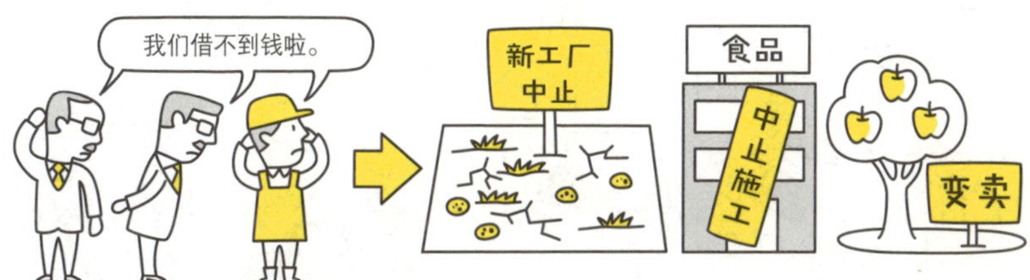

7 最终导致国民收入［p133］减少。

如上所述，政府的政策“挤掉”了民间的经济活动，这种现象被称为“挤出效应”。

流动性陷阱 [Liquidity Trap]

该理论认为，如果利率下降至极低水平，无论增加多少货币供给量，利率也不会再降低，而通过降低利率也无法达到刺激投资和消费的目的。

1 政府在经济衰退时，为了降低市场利率，会从市场上购买债券（资金筹集者向资金提供者发行的需要偿还的有价证券）。

2 这是政府实施的一种金融政策，政府试图通过这种方式增加对公司等民间的资金供给量，以促进投资和消费。

3 但是，不仅经济状况没有好转，如果继续实施上述的金融宽松政策，利率还会降低到无可再降低的地步。

4 利率不会下降，意味着未来利率将会上升，换句话说，人们判断将来债券价格会下降。

5 人们认为，以后债券价格会下跌，想趁现在先卖出债券，持有货币。

6 这种状态也指流动性偏好理论［p226］中的投机需求无限增大的情况。

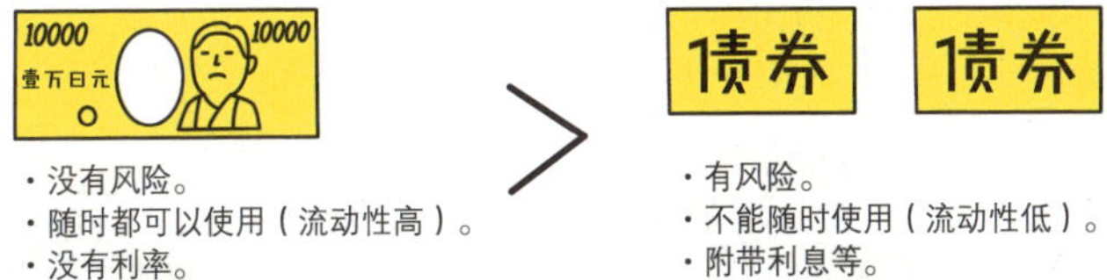

· 没有风险。
· 随时都可以使用（流动性高）。
· 没有利率。

· 有风险。
· 不能随时使用（流动性低）。
· 附带利息等。

7 在这种状态下，中央银行希望从市场上购买债券以降低市场利率，但由于想出售债券的人太多，所以市场上的债券供给量激增，市场利率也不会下降。

流动性陷阱理论是凯恩斯［p266］在《就业、利息和货币通论》中指出的。

公债 [Public Loan]

指的是国家或地方公共团体等的借款，也就是公共债务。

1 债务人（借款方）是国家时叫作国债，债务人是地方公共团体时叫作地方债。

2 原则上，国家和地方公共团体的开支是通过税金支付的，但仍会存在资金短缺的状况，因此会通过发行债券的形式筹集经费。

3 这是政府筹集资金的一种措施，将来必须通过税金偿还，具有与借款相同的意义。

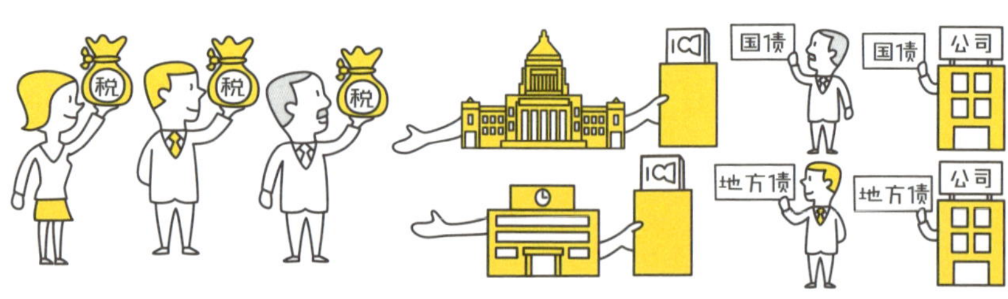

高能货币
[High Powered Money]

高能货币又称为强力货币、始初货币、基础货币。它是中央银行［p153］（日本为日本银行）发行的债务凭证。

1 高能货币是指在市面上流通的货币（现金通货）和金融机构存入中央银行的货币的总和。

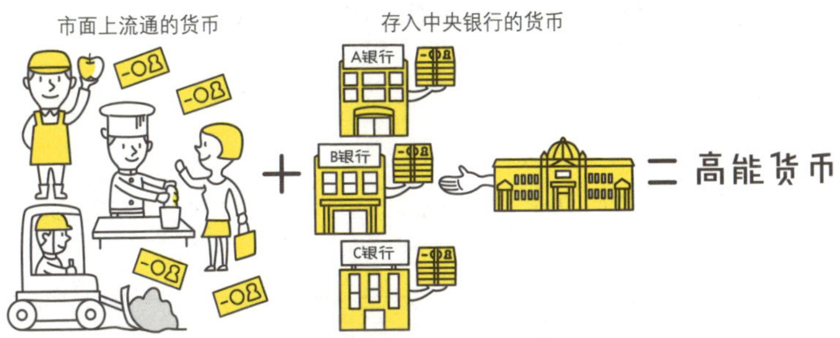

2 因其通过银行的信用创造活动［p192］，能使货币总量（在国内的家庭与企业等之间流通的货币余额）成倍扩大，所以被称为高能货币。

3 中央银行可以直接控制高能货币的数量，通过控制高能货币，使货币供给量维持在适当的水平。

或者可以说，高能货币是市面上流通的货币总额的源泉，从这个意义上来看它又被称为始初货币或基础货币。

李嘉图等价定理

[Ricardian Equivalence]

这一定理认为，政府在增加公共收入时，不管是以税收的形式，还是以国债等公债［p186］的形式，其效果实际上没有差别，它们为经济带来的影响都是一样的。

英国经济学家大卫·李嘉图（1772—1823）提出，因此被命名为“李嘉图等价定理”。

1 例如，政府为了振兴经济，为每个家庭［p19］减免了1万日元的税收，并通过发行国债筹集了这笔资金。

2 如果债券期限为10年，10年后政府会通过征税来偿还国债。

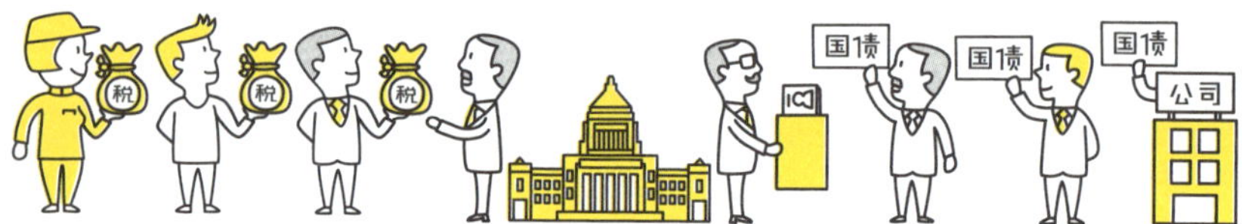

3 如果征税与财政赤字相等就没问题了，否则将通过增税来筹集资金。

4 那时，如果享受1万日元减税优惠的人与10年后被增税的人相同，他们一生可以获得的可支配收入（实际可以使用的收入）将不会改变。

5 之所以这样说，是因为人们考虑到政府未来的增税，会将因减税所获得的1万日元储蓄起来，用这1万日元的储蓄金来弥补因将来增税而减少的收入。

6 因此，对每个家庭实行1万日元的减税政策，并通过发行国债筹集资金，与实行同样额度的增税政策筹集资金所带来的影响是一样的，因为减税的好处会被抵消。

7 也就是说，当国民准确预测到未来会增税时，即使政府通过发行国债减税，人们也不会因此增加消费，减税政策不会对人们的消费行为构成影响，以上就是李嘉图的观点。

巴罗等价定理
[Barro's Equivalence]

如果公债持有者和税负承担者并不一致，李嘉图等价定理 [p188] 是否成立呢？有关这一争论，巴罗认为该定理依然适用。

由美国经济学家罗伯特·巴罗（1944— ）提出，因此被命名为“巴罗等价定理”。

1 李嘉图等价定理中假设了享受减税优惠的人和受到将来增税影响的人是一样的。

2 因此，该定理引发了讨论：如果享受减税优惠的人和受到将来增税影响的人不一样，这个定理可能不成立。

3 但是巴罗否定了上述观点。举个例子，假设政府实施了减税政策，并通过国债来确保资金来源。

4 如果采取再发行国债的形式来偿还国债，那么偿还国债时要负担增税部分的一代与当初享受减税优惠的一代不同。

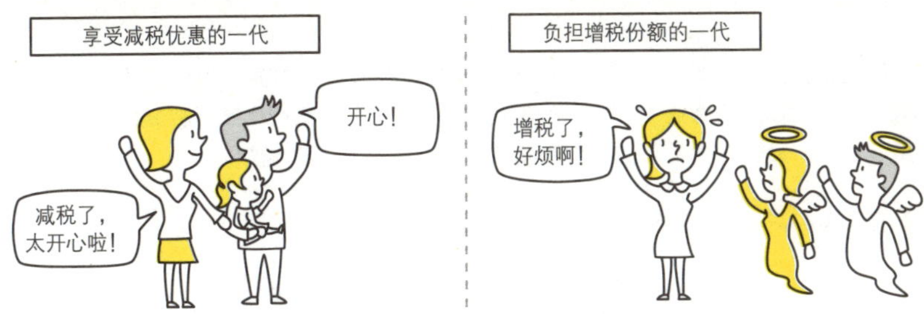

5 但是，巴罗认为，即使父母一代享受了减税优惠，但考虑到子女和孙辈会在将来负担税金，他们不会将减税所得的份额用于消费，而是会以遗产的形式留存下来。

6 因此，通过发行国债筹集资金以实施减税政策时，即使将来偿还国债时负担增税份额的一代是子女或孙辈，他们也不会把减税的钱用于消费，而是作为遗产留存下来。

7 其结果是，人们的消费行为不会发生变化，因此罗伯特·巴罗主张即使跨越了世代的范围，李嘉图等价定理也成立。

信用创造 [Credit Creation]

指的是银行的一种机制，银行［p153］先接收存款，再将其中的一部分作为贷款借出，接收贷款的企业［p52］再将其中的一部分存入银行，银行将其中的一部分用于贷款，通过这样反复的存款和贷款，可以使货币不断增加。

1 假设A银行从B女士处接收了100万日元的存款。

2 根据规定，银行必须估算偿还时间，将存款按照一定比率存入中央银行（存款准备金制度［p164］），这个比率被称为法定存款准备金率，按照这个比例交存中央银行的是“法定准备金”。

3 假设法定存款准备金率为10%，A银行将B女士的100万日元存款中除法定准备金的10万日元（100万日元×10%）之外，剩余的90万日元借给了C公司。

4 C公司把从A银行借出的90万日元，作为购买设备的货款支付给了D公司。

5 假设D公司收到了C公司的货款后，将这90万日元原封不动地存入了A银行。那么A银行的存款就增加了90万日元。

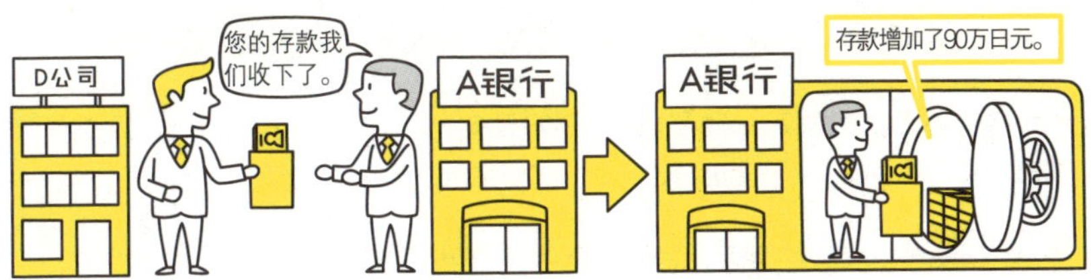

6 A银行将D公司90万日元存款中，除法定准备金的9万日元（90万日元×10%）外，剩余的81万日元借给了E公司。

7 E公司向客户F公司支付了81万日元，F公司将81万日元存入了A银行。

8 重复以上操作，A银行的存款就变成100万日元＋90万日元＋81万日元＋……，因此不断增加。可以让A银行最初的100万日元，产生成倍的扩张作用的机制就是信用创造。

劳动力市场均衡
[Equilibrium of Labor Market]

指的是劳动力服务市场［p20］也和商品和服务［p13］市场一样，价格［p100］取决于需求和供给［p34］的均衡点。

1 劳动力市场，指的是企业的劳动力需求与家庭的劳动力供给间进行交易的场所。

2 劳动力价格（工资）越高，愿意来工作的人就越多。

3 反之，如果劳动力价格（工资）降低，愿意来工作的人会减少，因此劳动力供给减少。

4 因此，劳动力的供给曲线也与商品和服务的供给曲线相同，向右上方倾斜。

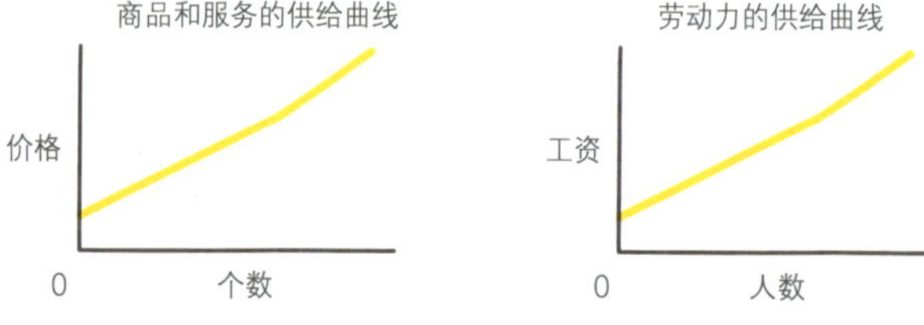

5 另一方面，如果劳动力价格（工资）提高，企业对劳动力的需求就会减少，他们会减少招聘，甚至裁员。

6 与之相反，如果劳动力价格（工资）降低，企业对劳动力的需求就会增多，他们会增加招聘。

7 因此，劳动力的需求曲线也与商品和服务的需求曲线相同，向右下方倾斜。

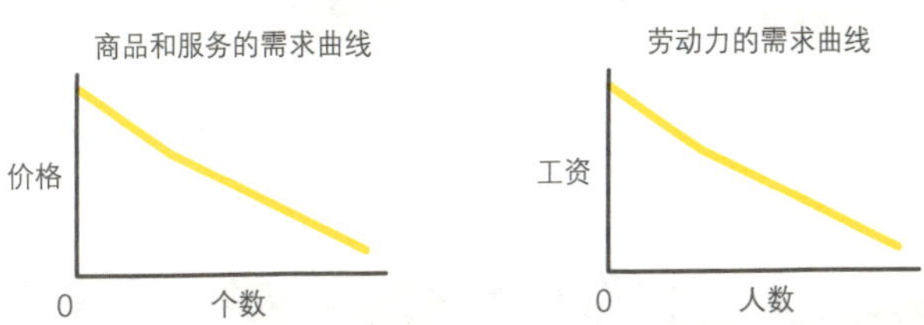

8 这样一来，最终工资将取决于劳动力的供给曲线与需求曲线相交的点，即均衡点。

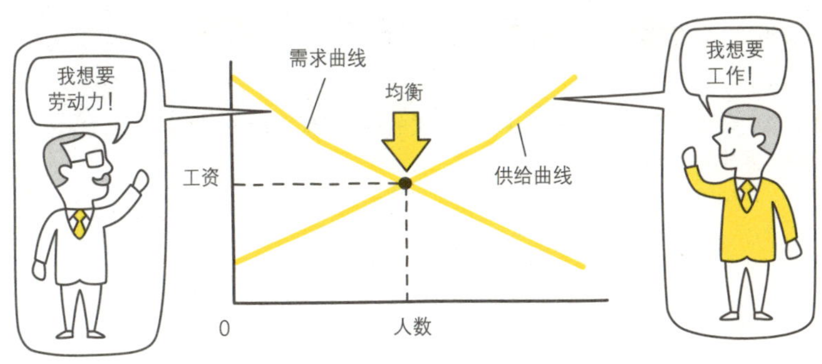

景气［Economic Conditions］

指的是买卖或交易等经济活动整体的活跃状况。

1 “经济景气”指的是经济繁荣的状况，在这种情况下，GDP［p122］会增加。

2 经济景气时，消费也会增加，商品和服务［p13］的生产增加，劳动力的需求增加，失业率较低。

3 与之相反，“经济不景气”指的是经济萧条的状况，这种情况下GDP会减少。

4 因此，在经济不景气时，由于商品和服务的生产减少，劳动力的需求也随之减少，所以，失业率较高。

扩散指数 [Diffusion Index]

日本称其为景气动向指数。指的是，为了掌握经济整体状况即经济景气 [p196] 的动向，政府机构将反映该国经济动向的各项统计数据制作成的指标。

1 扩散指数分为三类，第一类为“一致扩散指数”，用于表示目前的经济状况，有助于把握景气现状。

2 第二类为“先行扩散指数”，反映的是几个月后的经济状况，用于预测景气动向。

3 第三类为“滞后扩散指数”，该指数反映的是几个月前的经济状况，用于事后确认。

一般认为生产、就业等经济活动是影响景气的敏感性因素，而扩散指数综合了包括上述经济活动在内的各项相关指标的动向，通过该指数的数值变动可以了解景气的变动方向和发展趋势。日本内阁府一般每月上旬公布上上个月的景气动向指数速报值，中旬公布修订值。

经济周期 [Business Cycle]

又称景气 [p196] 循环，指的是在资本主义经济中，整体经济活动扩张与紧缩的交替更迭、循环往复现象。

1 当生产和消费等经济活动处于活跃状态时，被称为经济扩张（恢复、繁荣）。

2 与经济扩张相反，当生产和消费等经济活动处于迟滞状态时被称为经济萎缩（衰退、萧条）。

3 另外，在经济周期中，从上升至下降的转折点被称为顶峰，从下降至上升的转折点被称为谷底。

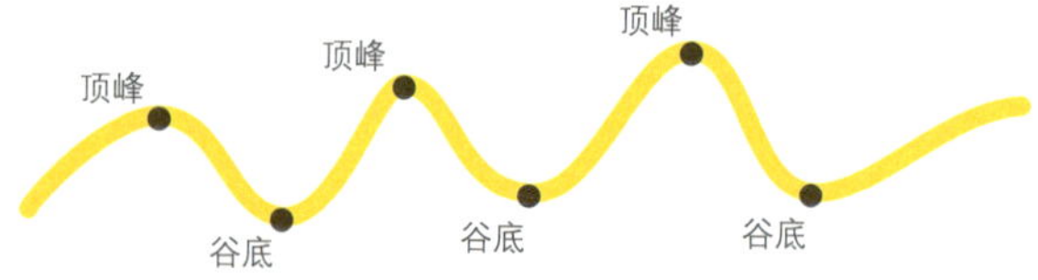

从循环的波形来看，经济周期有以基钦周期 [p230]、朱格拉周期 [p232]、库兹涅茨周期 [p233] 和康德拉季耶夫周期 [p234] 为代表的多个不同的类型。一般认为将多个不同波形的周期重叠在一起，就可以形成完整的经济周期。

痛苦指数 [Misery Index]

反映经济状况严峻程度的指数。

1 消费者物价指数（CPI）[p135]的同比增长率（通货膨胀率）与失业率之和，就是痛苦指数。

2 虽然痛苦指数不是政府公布的正式指标，但物价的上涨和失业率的增长压迫着人们的生活。因此该指标的数值越高，表示生活的贫困程度越严重。

3 另外，较高的痛苦指数也意味着经济正处于衰退和通货膨胀 [p156] 并存的滞胀 [p161] 状态。

一般而言，如果痛苦指数超过10%，国民的不满情绪就会高涨，超过20%的话，政权就很难再维持下去了。

总供给 [Aggregate Supply]

指的是企业等在一定时期内，生产的所有商品和服务［p13］的价值［p16］的总和。国内一年生产出来的价值的总和被称为GDP［p122］。

总需求 [Aggregate Demand]

指的是对于各种不同价格［p100］的商品和服务［p13］的需求［p35］的总和。也可以说是对于国内一年生产出来的价值的总和（GDP）［p122］而言的整体需求。

总供给曲线 [Aggregate Supply Curve]

反映因为物价水平的变动而影响总生产（实际GDP [p130]）变化情况的曲线。因为统计的是各个生产者（企业等）的总和，所以价格[p100]发生变化时，生产者为了实现利润最大化会改变生产量。

1 如果价格（物价）上升，生产量就会增加，如果价格（物价）下降，生产量就会减少。因为总供给曲线统计的是它们的总量，所以曲线也是向右上方倾斜的。

2 另外，如果成本降低，那么生产者就可以供给更多的商品和服务，所以总供给曲线会向右侧迁移。

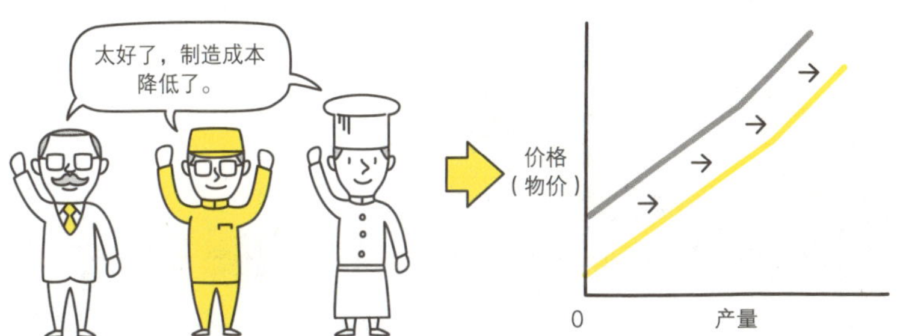

3 与之相反，如果成本升高，商品和服务的供给就会比以往困难，所以总供给曲线会向左侧迁移。

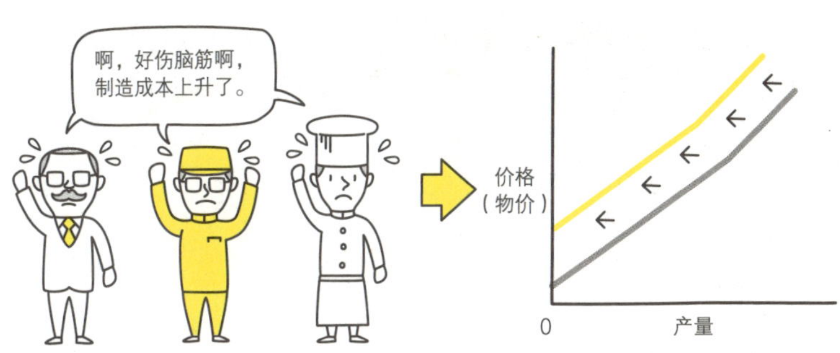

总需求曲线 [Aggregate Demand Curve]

反映因为物价水平的变动而影响总需求（=实际GDP [p130]）变化情况的曲线。曲线的横轴表示消费者、企业[p52]、政府等购买的商品和服务[p13]的总和（总需求），纵轴表示物价水平。

1 如果价格（物价）水平下降，人们对商品和服务的需求就会增加，因此，总需求曲线是向右下方倾斜的。

2 当消费者减少储蓄，增加消费时，总需求增加，总需求曲线向右侧迁移。

3 与之相反，当因增税等原因造成消费减少时，总需求也会减少，总需求曲线向左侧迁移。

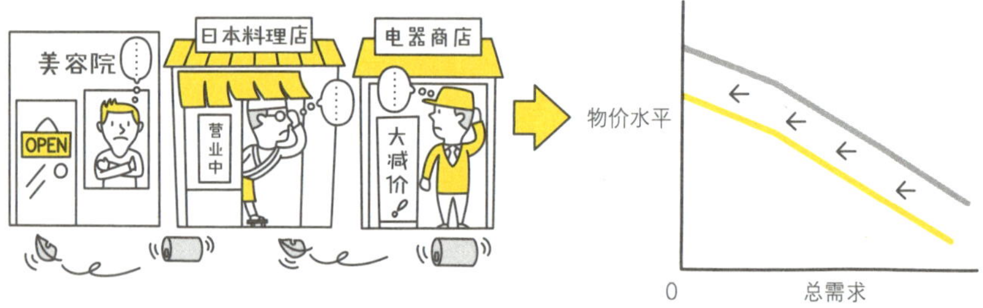

总供给曲线[p201]和总需求曲线的交叉点所决定的实际GDP [p130]的水平被称为宏观经济均衡。这种情况下的总供给等于总需求。

供给学派经济学

［Supply-side Economics］

指的是为了经济的发展，主要从供给［p35］方面进行分析的经济学［p12］。

1 他们主张，为了增加生产活动，政府应该放宽限制或实施减税政策，减少政府干预。

2 通过放宽限制来刺激企业的生产活动，通过减税来促进企业的投资。

3 其认为，在这些政策的影响下，可以达到扩大企业生产规模，增加就业，促进个人消费，实现经济增长的目的。

20世纪70年代后期，美国里根总统实施的经济政策（里根改革）就是以供给学派经济学为理论依据的。

需求学派经济学

[Demand-side Economics]

指的是为了实现经济的稳定，从刺激需求 [p35] 方面的政策进行分析的经济学 [p12]。又称凯恩斯 [p266] 经济学。

① 需求方面的政策指的是推动总需求，使总需求曲线左右移动的一系列措施。

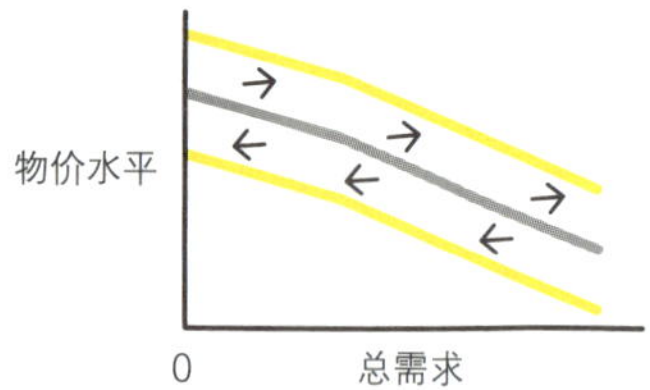

② 财政政策就是其中之一，即政府通过控制税金和政府支出来稳定经济的一种政策。

③ 例如，如果通过减税政策增加了国民手里的资金，人们就会用新增的资金进行消费，从而使消费增加。

④ 然后，企业为了应对消费需求会增加生产。这样一来，就业机会也会增加，经济随之增长。

货币主义 [Monetarism]

重视货币政策的学说，创始人为新古典派经济学 [p286] 的代表人物米尔顿 · 弗里德曼 [p276]。另外，支持这一观点的经济学家被称为“货币主义者”。

1 货币主义主张，经济应该交托给各个自由的市场，不需要政府的过多干预。

2 其主张，政府应该致力于谋求财政收支平衡，为了稳定物价水平，应该由政府公开宣布一个在很长一段时期内都固定不变的货币供给量年增长率。

3 凯恩斯学派 [p266] 认为，应该通过实施积极的财政政策等手段创造有效需求，货币学派批判了这一观点并提出了上述主张。

萨伊定律 [Say's Law]

这种观点认为，供给 [p35] 创造出了与之相等的需求 [p35] ，即在价格机制有效运行的市场 [p20] 中，所有生产出来的产品都能销售出去，因此经济水平由供给的多少决定。又称“市场法则”。

古典派经济学 [p284] 理论基础，这一名字源自法国经济学家让·巴蒂斯特·萨伊（1767—1832）。

1 假设某商品和服务处于供大于求（供给过剩）的状态。

2 即使在这样的情况下，卖方也可以通过迅速降低售价增加需求，使供给和需求达到均衡，这就是萨伊定律的观点。

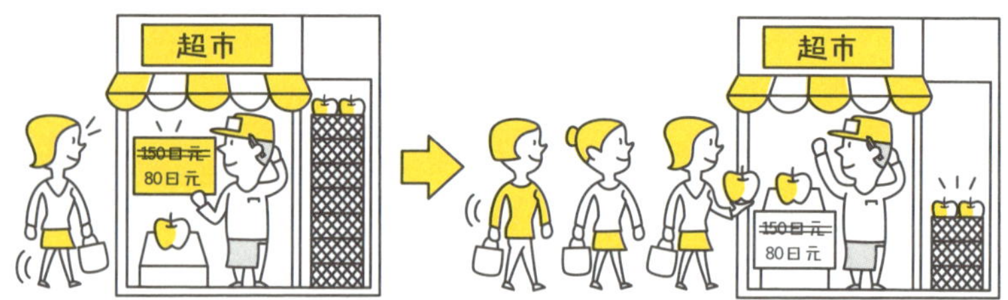

3 再举个例子，假设某个家具工厂计划制作100个沙发。

4 虽然制作了100个，却只卖出去80个，还剩下20个。

5 于是家具工厂将沙发的价格从5万日元降至4万日元。

6 于是沙发全部卖光了（供求平衡［p39］）。在供给方的运作下，创造了需求，使市场达到了供求平衡的状态，符合萨伊定律的观点。

但是，像这样随机应变地调整价格，以避免造成供大于求的状况，不一定符合现实中的经济状况。因此，不久后马克思［p262］和凯恩斯［p266］都批判了该观点，认为它不符合现实中的经济状况。

拉菲尔曲线［Laffer Curve］

一般而言，如果税率增高，税收也会随之增加，但是如果税率超过一定限度，税收反而会减少。拉菲尔曲线就是反应这一定律的曲线。

由美国经济学家阿瑟·拉菲尔（1940—　　）提出的理论，是表示税率与税收关系的曲线。

1 如下所示，拉菲尔曲线的横轴表示税率，纵轴表示税收。如果税率过高，人们会认为，即使努力工作，收入也会被税金剥夺，因此工作的热情会下降，结果就会导致产量和收入减少，税收也会减少。

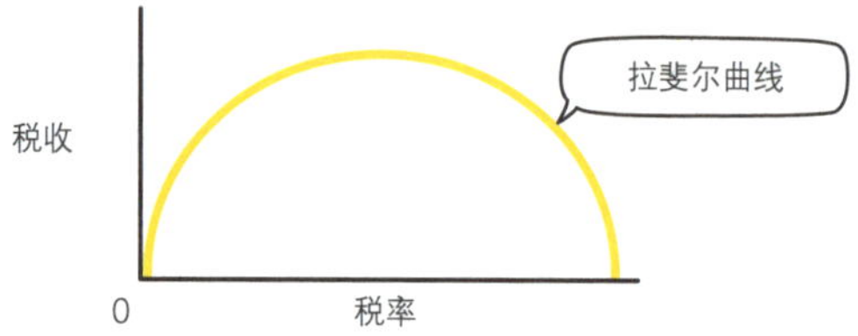

2 如果税率为100%，意味着所有劳动所得的收入都被当作了税金，那么即使工作也无济于事，所以谁都不想工作，税收也就等于零了。

3 因此，在拉菲尔曲线的右侧部分，即征收高税率的税收时，理论上可以通过降低税率来增加税收。

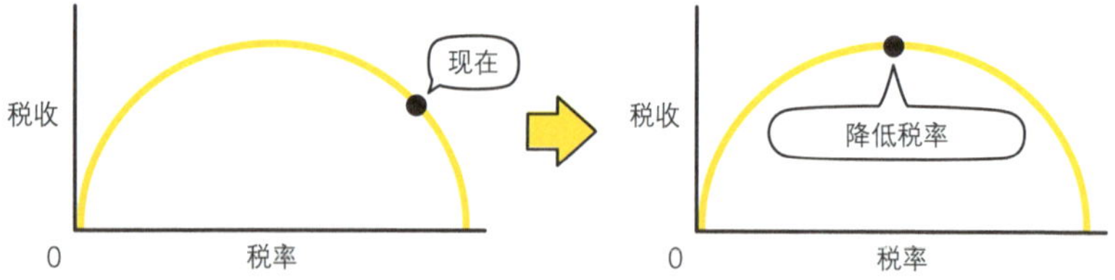

这一观点成为美国里根总统1981年实施减税政策的理论依据，该政策被称为里根改革，但实际上税收并未因减税而增加。

合成谬误 [Fallacy of Composition]

指的是在微观经济学 [p30] 被认为合理的现象，不一定适用于宏观经济学 [p30]。

1 例如，由于经济萧条，收入减少，每个人都节约生活、增加储蓄，这种行为从个人的角度来看是合理的。

2 但是，从整个社会的角度来看，消费会因此减少，甚至可能导致经济进一步恶化。

3 另外，企业为了提高经营效率而采取工厂改组、部门合并等措施，这对企业而言是合理的。

4 但是，随着重新评估人工成本等措施的实施，会引起失业人员增加、工资减少，进而造成个人消费萎缩，经济状况进一步恶化。

日元升值 [Yen Appreciation]

指的是相对于其他国家的法定货币而言，日元的价值 [p16] 更高的状态。本章中以日元兑换美元为例。

1 例如，A女士计划去美国旅行，她为了将日元兑换成美元而去了银行。因为汇率为“1美元=120日元”，所以她用1万2000日元兑换了100美元。

2 第二天，因为还需要兑换100美元，A女士又去了银行。但是，因为汇率变为“1美元=100日元”，所以她用1万日元兑换了100美元。

3 昨天和今天相比，昨天需要120日元才能购买（兑换）1美元，但今天只需要100日元就可以。

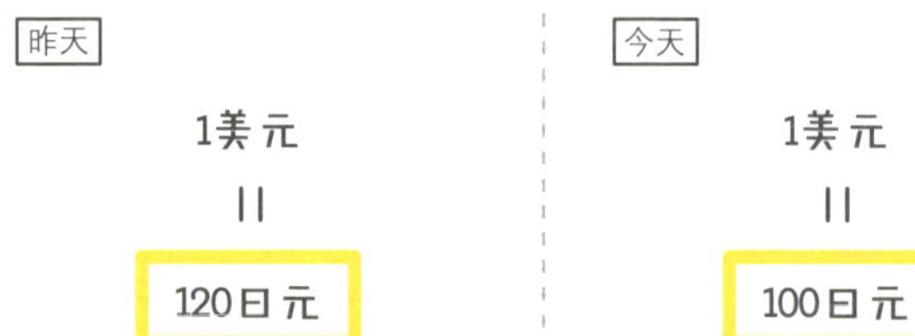

4 也就是说，与昨天相比，今天的1美元能兑换的日元变少了，日元的价值上涨了（美元的价值下跌了）。这种状态叫作“日元升值&美元贬值”。

5 我们先来看一下日元升值&美元贬值的积极影响，最主要的一点就是从外国进口到日本的商品和服务［p13］会更加便宜。

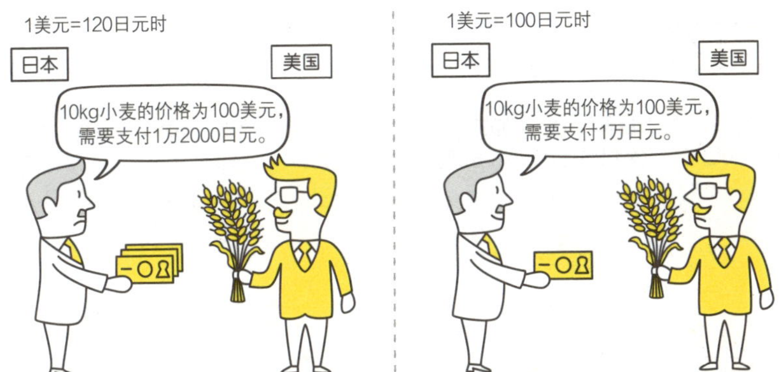

6 接下来是日元升值&美元贬值的消极影响。它会对从日本向外国出口的产业造成打击。

另外，如果日元升值&美元贬值，直接在外国进行生产和销售会比出口的成本更低，因此，企业会倾向于将生产线转移到国外，这会给日本的就业带来负面影响。

日元贬值 [Yen Depreciation]

指的是相对于其他国家的法定货币而言，日元的价值 [p16] 更低的状态。

1 例如，A女士计划去美国旅行，她为了将日元兑换成美元而去了银行。于是，因为汇率为“1美元=100日元”，她用1万日元兑换了100美元。

2 第二天，因为还需要兑换100美元，A女士又去了银行。但是，因为汇率变为“1美元=120日元”，所以她用1万2000日元兑换了100美元。

3 昨天和今天相比，昨天购买（兑换）1美元只需要100日元，而今天要用120日元才可以。

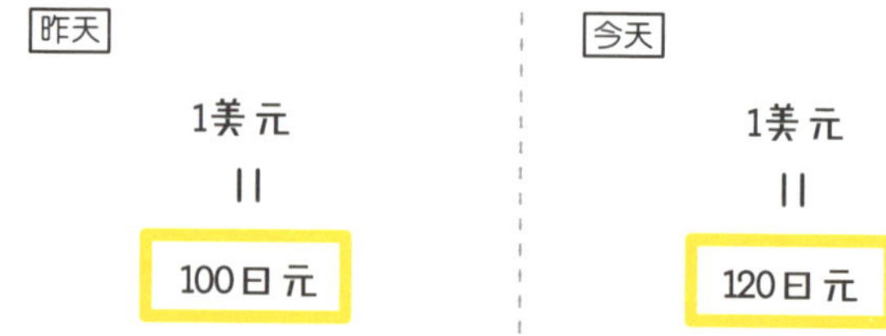

4 也就是说，与昨天相比，今天的1美元能兑换的日元变多了，日元的价值下降了（美元的价值上涨了）。这种状态叫作“日元贬值&美元升值”。

5 我们先来看一下日元贬值&美元升值的消极影响，最主要的一点就是从外国进口到日本的商品和服务会更加昂贵。

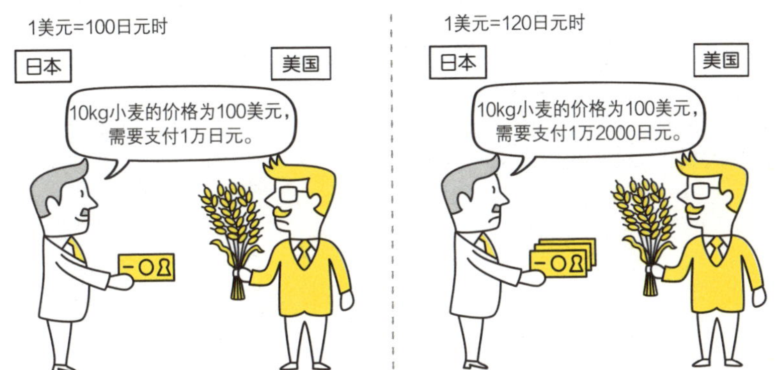

6 接下来是日元贬值&美元升值的积极影响。从日本向外国出口的产业，以日元计价的收益会增加。

另外，如果日元贬值&美元升值，企业在国内的生产会比在外国生产更有利。因此，企业会倾向于将生产线移回国内，从而给日本的就业带来积极影响。

量化宽松

[Quantitative Easing]

指的是中央银行［p154］为了调整供给市场的资金而实施的宽松的金融政策，也被称为QE（Quantitative Easing）。

1 通常，中央银行在实行刺激经济的金融政策时，都会采用降低利率的政策。

2 如果政策利率下降，银行等金融机构的贷款利率就会下降，个人和公司可以更容易地从银行借款，从而促进国民经济的恢复。

3 但是，当利率持续下调至无法继续下调的零利率时，中央银行就会实行量化宽松政策。

4 具体来说，中央银行会通过购买国债来增加市场上的流动资金。即使利率为0%，也可以向市场供给充足的资金。

5 实际上，美国为了应对次贷危机［p294］后的金融危机以及之后的经济衰退，在2008年实施了量化宽松政策，并一直持续至2014年。

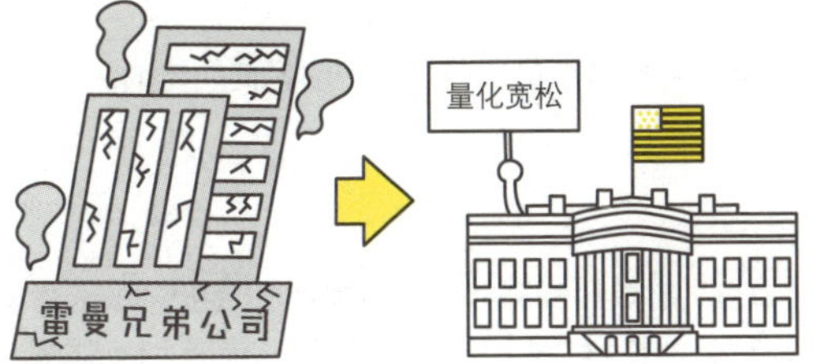

美国实施的量化宽松政策
· QE1（2008年11月—2010年6月）
· QE2（2010年11月—2011年6月）
· QE3（2012年9月—2014年10月）

6 日本除了在2001年到2006年实施量化宽松政策外，自2013年开始还引入了另一种量化宽松的类型——“定量和定性宽松政策”。

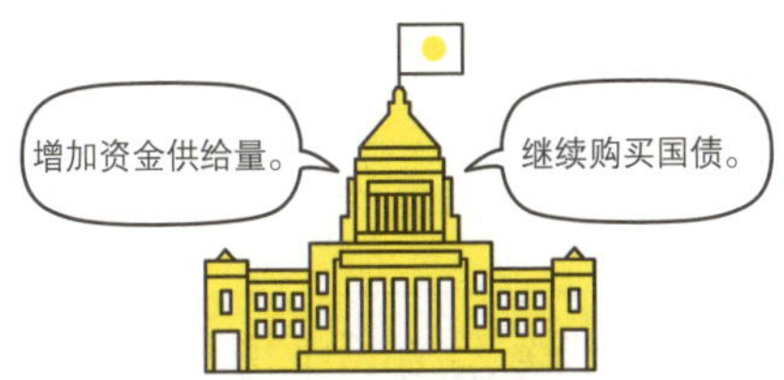

7 这几个国家通过量化宽松政策不仅希望刺激消费和投资，还期待通过本国货币贬值来提高出口竞争力以促进国民经济的恢复。

8 另一方面，在量化宽松政策的作用下供给的大量资金，会流入新兴国家和原油等商品市场，因此，量化宽松引起的经济变动也会对新兴国家的货币和资源价格产生巨大的影响。

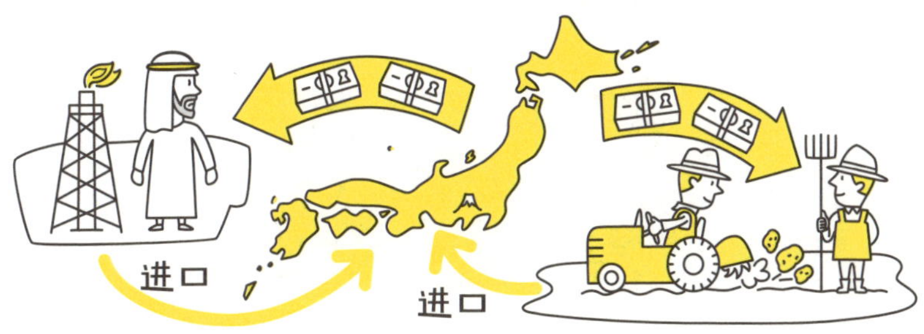

劳动价值论 [Labor Theory of Value]

该理论认为，商品的价值 [p16] 是由生产该产品所花费的劳动时间决定的。

卡尔 · 马克思

由意大利的威廉 · 配第（1623—1687）首次提出，由古典派经济学 [p284] 的亚当 · 斯密 [p254] 、大卫 · 李嘉图 [p256] 补充发展，并由卡尔 · 马克思 [p262] 最终完善的理论。

1 马克思在《资本论》中提出，商品的价值有“使用价值”和“交换价值”两种。

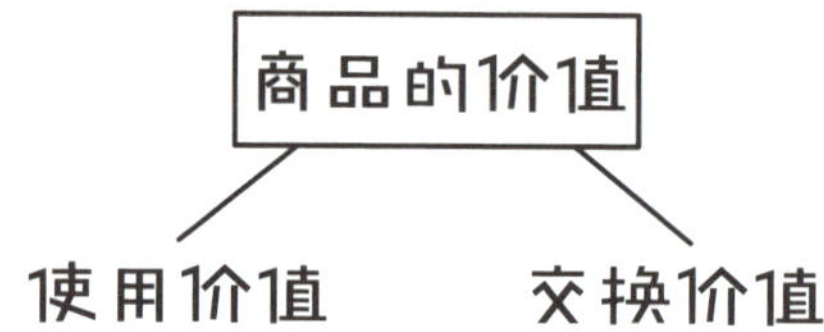

2 所谓使用价值，指的是可供人类使用的价值。
例如，铅笔和橡皮有不同的用途，但从可供人类使用的意义上来说，它们都具有使用价值。

3 交换价值指的是商品进行交换时的价值。例如，假设A先生认为可以用3根铅笔与B女士交换2块橡皮。

4 同样，B女士也认为可以用2块橡皮与A先生交换3根铅笔。

5 于是，3根铅笔的交换价值就是2块橡皮。马克思认为，使用价值各不相同的商品在交换时，它们的共同点是都凝结着人类的一般劳动。

6 无论是生产铅笔还是生产橡皮都需要劳动。因为生产3根铅笔所花费的劳动量与生产2块橡皮所花费的劳动量相同，所以它们可以交换。

7 也就是说，商品的价值在本质上是人类劳动的凝结，通过劳动，商品才产生了价值。

边际革命 [Marginal Revolution]

劳动价值论［p216］认为，商品的价值［p16］是由劳动来决定的。与此相反，有一种观点认为商品的价值是由主观效用决定的，该观点奠定了今天理论经济学的基础，所以被称为“边际革命”。

19世纪70年代，英国的威廉姆·斯坦利·杰文斯（1835—1882）、奥地利的卡尔·门格尔（1840—1921）、瑞士的里昂·瓦尔拉斯（1834—1910），分别发表了基于边际效用［p42］的价值理论，正式将边际分析的方法应用于经济学。

威廉姆·斯坦利·杰文斯

卡尔·门格尔

里昂·瓦尔拉斯

1 在此之前的古典派经济学［p284］和马克思主义经济学，都采用了商品的价值是由劳动决定的劳动价值论观点，而这三个人认为商品的价值是由主观效用决定的。

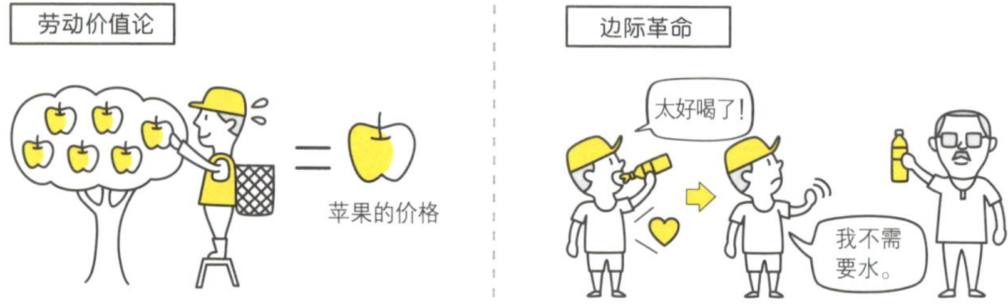

2 例如，在炎热的夏天，假设我们干渴时买了一瓶矿泉水，从中得到的效用（满足程度）为100。

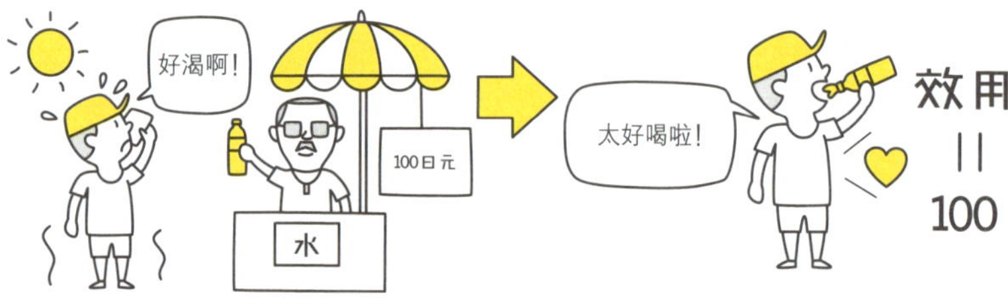

3 由于干渴还未完全缓解，因此我们从第二瓶矿泉水中还可以得到满足程度，不过它比第一瓶水获得的满足减少了，变成了70。

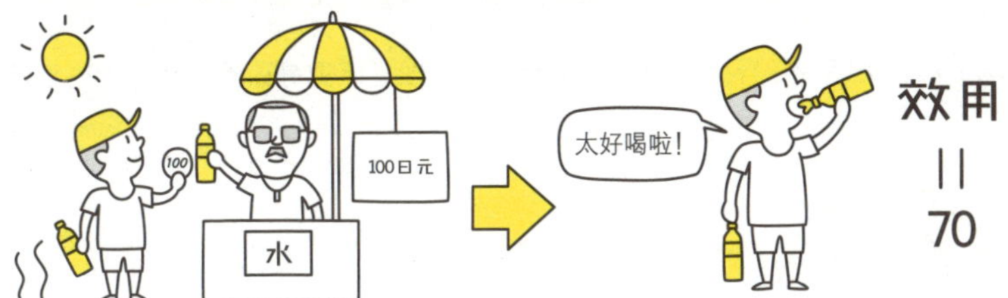

4 喝到第三瓶的时候，就到了喝不喝皆可的状态，因此满足程度降至30。喝到第四瓶就已经不渴了，所以满足程度变成了0。

5 如上所述，每增加一单位的消费量时所获得的效用被称为边际效用。随着消费量的增加，边际效用在不断减少（边际效用递减规律［p43］）。

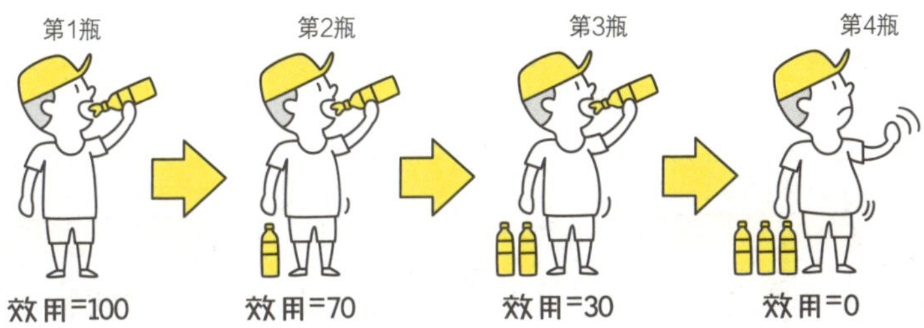

6 这是一场巨大的转变，诞生了“商品的价值是由人类的主观效用决定”的观点。

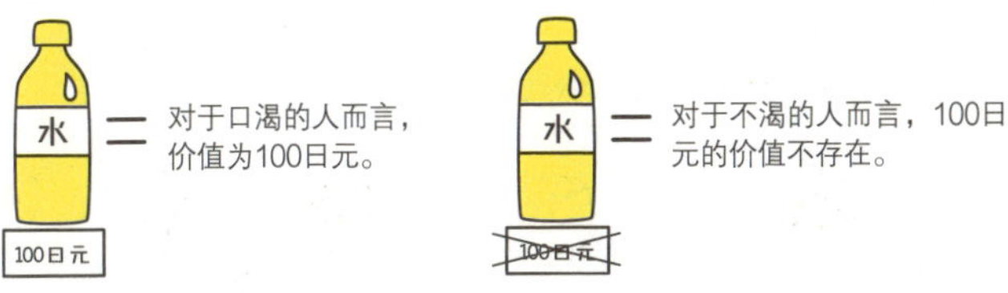

用主观价值理论解释消费者行为的边际效用理论，之后发展成了对企业经济行为的分析（边际生产力理论）。为了观察新增一单位时的变化，还用到了微积分，从而使经济学［p12］与数学结合起来，从这一点来说，边际革命具有划时代的意义。

行为经济学 [Behavioral Economics]

着眼于对人类非理性行为的研究，结合人的心理、感情等因素进行分析的经济学[p12]。

2002年，行为经济学家丹尼尔·卡内曼（1934— ）获得了诺贝尔经济学奖，行为经济学因此受到了关注。

1 在传统的经济学中，人类为了最大限度地追求金钱利润，会采取理性的行为，他们以此为前提构建了理论。

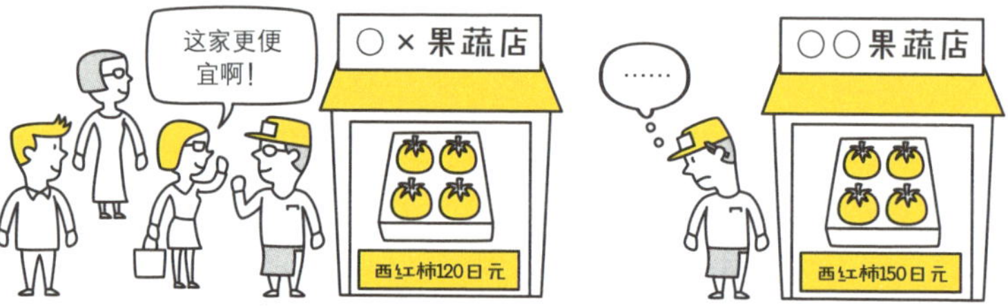

2 但是，实际上人们经常会采取很多非理性行为。从这些非理性的人类行为的习惯和倾向中，寻找一定规律的学问就是行为经济学。

3 例如，A女士想吃蜜瓜，B先生向她提出了以下方案。

4 如果A女士采取理性的行为，就应该等一个月得到2个蜜瓜，而不是现在只拿1个蜜瓜。

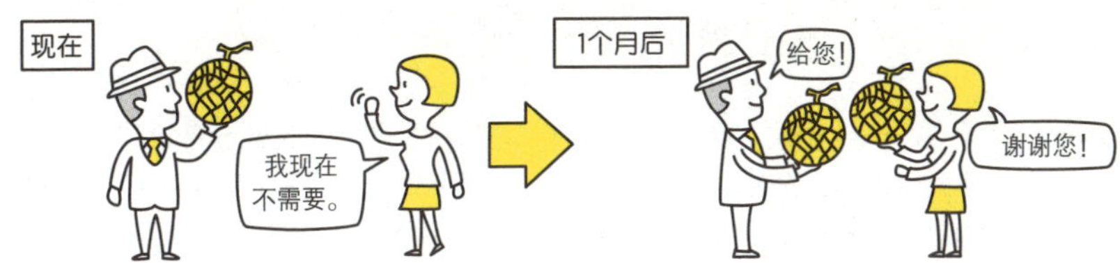

5 但是，人们大多会因为无法打消马上就想吃的念头，而选择现在得到1个蜜瓜。这就是“人们习惯优先满足当下需求”行为的例子。

6 又或者，假设C女士中了1万日元的彩票。

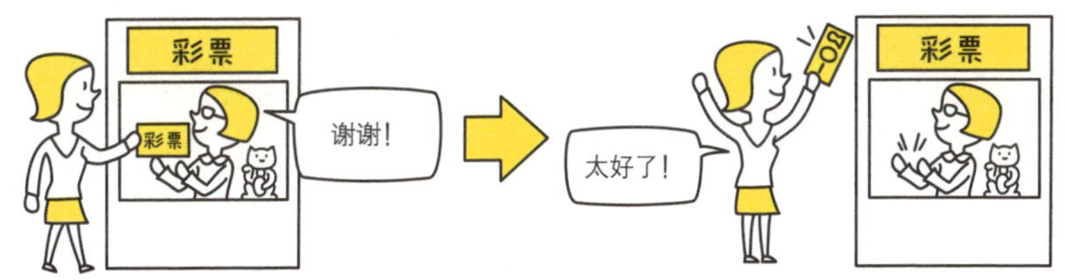

7 这位C女士平时非常节约，连打工赚到的1万日元都会非常珍惜地存入银行。

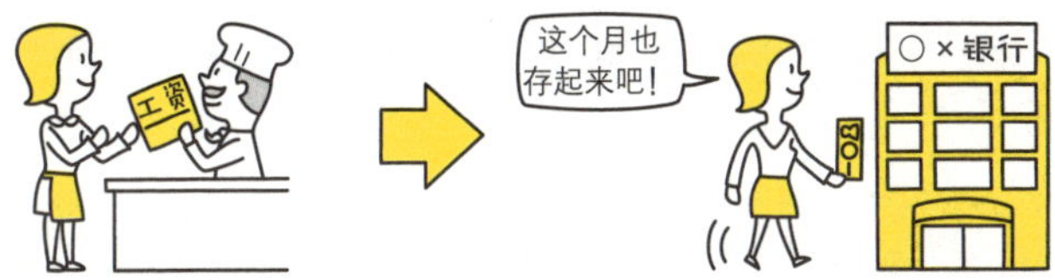

8 但是她用中彩票的1万日元吃了牛排，转眼间就花掉了。从C女士非常节约这一点来看，这并非理性行为。这就是“如果一笔钱很容易得到也会很容易被浪费掉”行为的例子。

绝对剩余价值

[Absolute Surplus Value]

这是剩余价值的一种形式。剩余价值指的就是利润，资本主义社会是以获取更多的剩余价值为目的的。马克思 [p262] 将企业 [p52] 通过延长劳动者的工作时间所获取的剩余价值命名为绝对剩余价值。

1 马克思在思考利润的来源时，将劳动分为两种：一种是劳动者提供的劳动价值，即“必要劳动”。

2 另一种是为了资本家利润而进行的劳动，即“剩余劳动”。

3 因此，劳动者的总劳动时间是必要劳动时间与剩余劳动时间的总和。

劳动者的总劳动时间 = 必要劳动时间 + 剩余劳动时间

4 必要劳动时间是劳动者为了获得工资而花费的劳动时间，而剩余劳动时间可以说是企业（资本家）为了获得利润而花费的劳动时间。

5 企业想增加利润，因此会尽可能增加剩余劳动时间。绝对剩余价值是指企业通过增加剩余劳动时间而获得的利润。

6 例如，A女士在一家工厂工作，它一天的总劳动时间（8小时）中的5个小时是用来赚取工资的。也就是说，这5个小时为必要劳动时间。

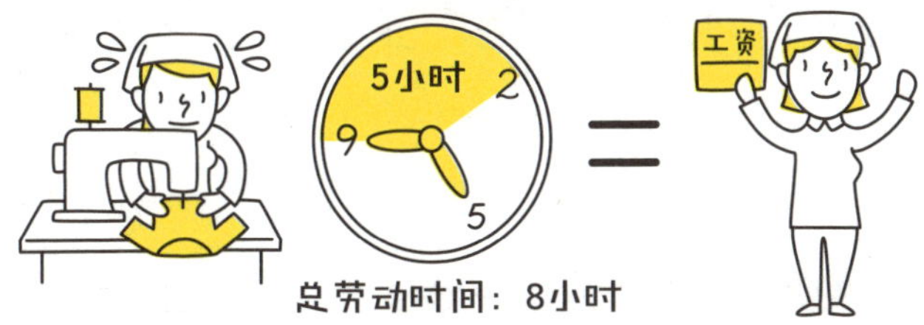

7 那么，在A女士的总劳动时间（8小时）中，3个小时将产生企业的利润。也就是说，这3个小时就是剩余劳动时间。

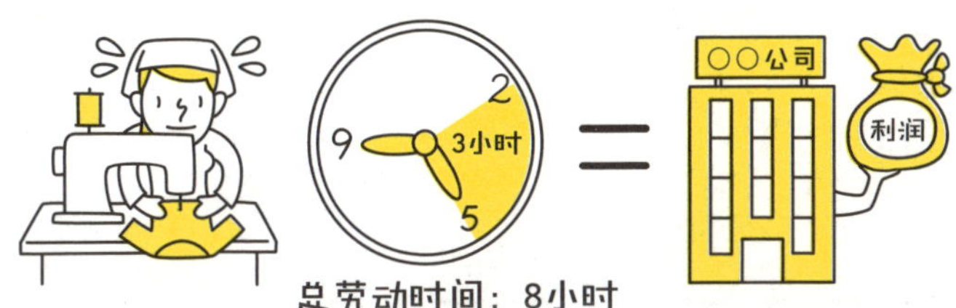

8 企业为了增加利润，将A女士的总劳动时间从8小时增加至10小时。这种情况下，增加的2个小时为剩余劳动时间，也就是说因为它可以增加企业的利润，进而增加绝对剩余价值。

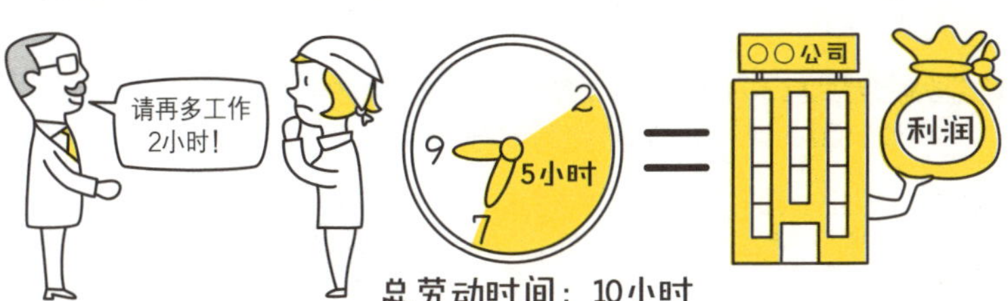

相对剩余价值

[Relative Surplus Value]

由卡尔·马克思［p262］命名的剩余价值的一种形式。企业［p52］（资本家）为了增加剩余价值，获取更多利润，通过推进生产效率化和合理化，产生了相对增加的剩余劳动时间，从而产生了剩余价值。

1 企业（资本家）想通过延长劳动者的总劳动时间来获取利润，但是这种方式是有限度的。

2 于是，他们想通过缩短必要劳动时间，增加剩余劳动时间来达到提高利润的目的。

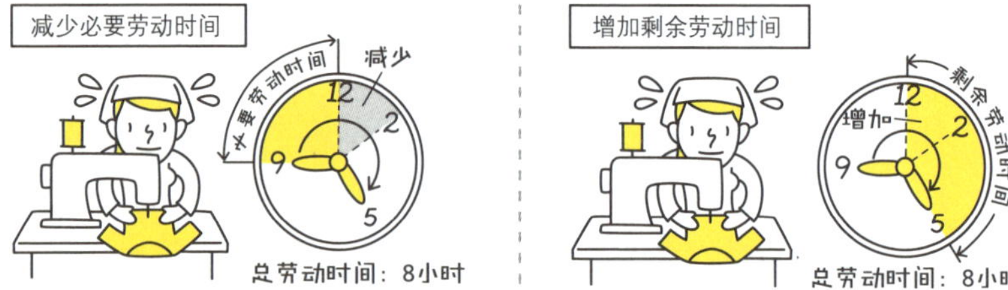

3 例如，假设A女士在一家工厂工作，她的总劳动时间为8小时。

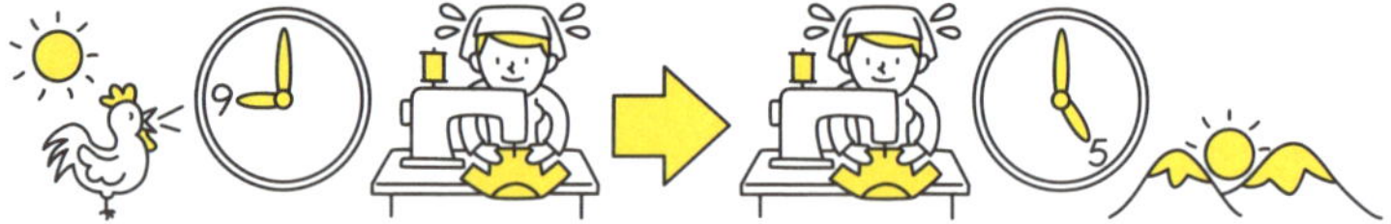

4 企业通过将A女士负责的一部分工作机械化来提高生产率，虽然A女士的总劳动时间仍为8小时，但必要劳动时间从5小时缩短至3小时。

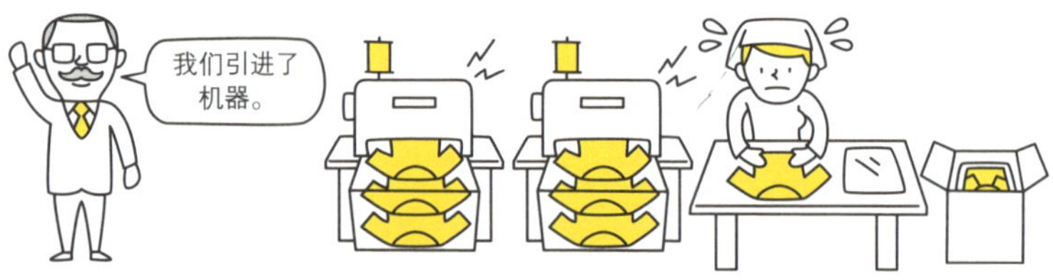

5 另一方面，A女士的剩余劳动时间从3小时增加至5小时。

6 这样一来，A女士的工资会减少，但企业（资本家）的利润会增加。

7 因此，在追求利润的资本主义社会，企业会努力提高生产率，减少劳动者应得的工资。

8 与此同时，企业（资本家）得到的利润在逐渐增加。以上就是马克思的观点。

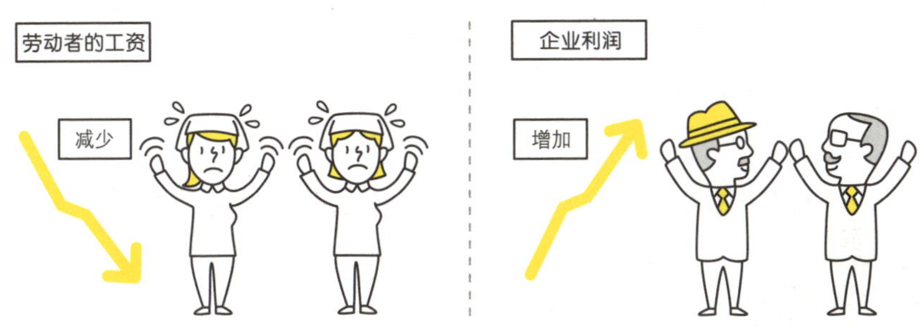

流动性偏好理论

[Liquidity Preference Theory]

货币随时可以买到商品和服务 [p13]，还可以在紧急情况下使用，而且比其他资产更容易获利，因此人们才愿意持有货币。流动性偏好理论认为，利率由货币的需求和供给 [p34] 决定。

约翰·梅纳德·凯恩斯 [p266] 在《就业、利息与货币通论》中提出的关于利率决定因素的理论。

1 人们持有货币性资产的动机有三个。

2 第一个是“交易动机”，指的是为了应对日常交易而持有货币。例如，如果手头有100万日元的货币，在任何时候都可以购买面包。

3 第二个是“预防动机”，指的是为了预防和应对意外情况而持有货币。例如，即使突然感冒，只要带着货币就可以购买到药品。

4 第三个是“投机动机”，指的是出于投机获利的需要而持有货币。例如，如果预测到将来股票或债券的价值会下降，那么持有货币的一方，不可能亏本（票面金额低于投资额），因此对他们是有利的。

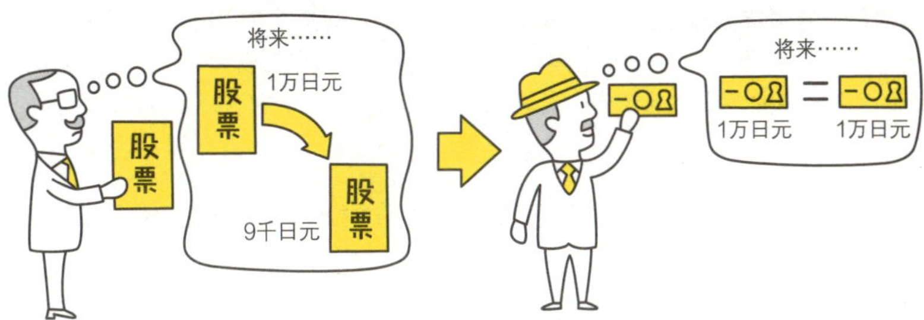

5 正是基于以上三个理由，人们才会选择持有流动性较高的货币。如上所述，因为各种各样的理由产生了货币需求。中央银行会根据上述的货币需求提供货币供给，而利率取决于货币需求和供给的均衡点。

6 因此，通过持有股票或债券等有价证券而得到的利息可以看作是放弃货币流动性而得到的报酬。

新古典派经济学［p286］认为，利率取决于整个经济中储蓄与投资的均衡点，而凯恩斯［p266］则主张利率是由货币［p152］的需求和供给［p35］决定的。

财富效应 [Assets Effect]

指的是持有资产对消费支出产生的影响，又称庇古效应［p103］。新古典派经济学［p286］和凯恩斯［p266］学派在争论中提出，如果工资和物价降低，人们持有的资产的实际价值就会上升，从而增加消费，由此衍生出了财富效应的概念。

1 假设A先生有100万日元的存款，B先生有10万日元的存款，两人的月收入均为20万日元。

2 有一天，物价下降了，A先生和B先生经常购买的面包，价格从200日元变成了150日元。

3 与此同时，A先生和B先生的月收入也从20万日元下降到15万日元，所以用工资可以买到的面包数量并没有变化。

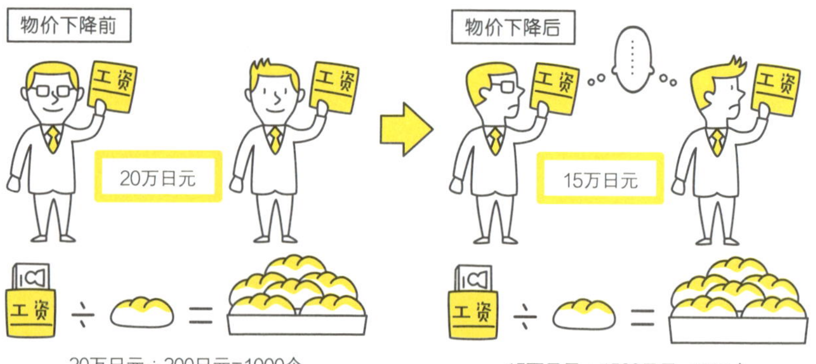

4 但是，A先生用存款可以买到的面包数量大幅增加了。也就是说，100万日元的实际价值上升了。

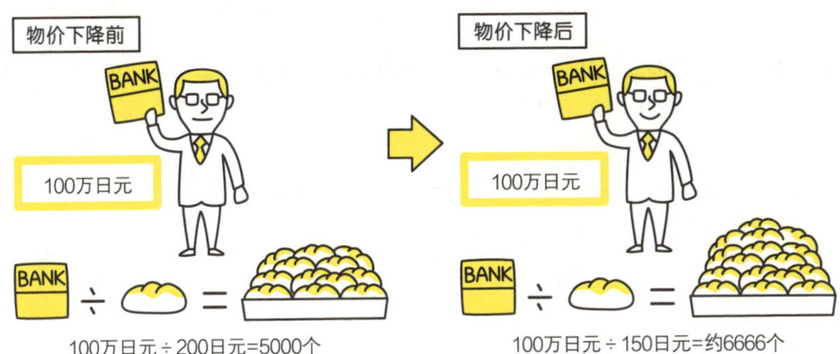

5 B先生有10万日元的存款，因此他和A先生一样可以享受到货币实际价值上升带来的好处。

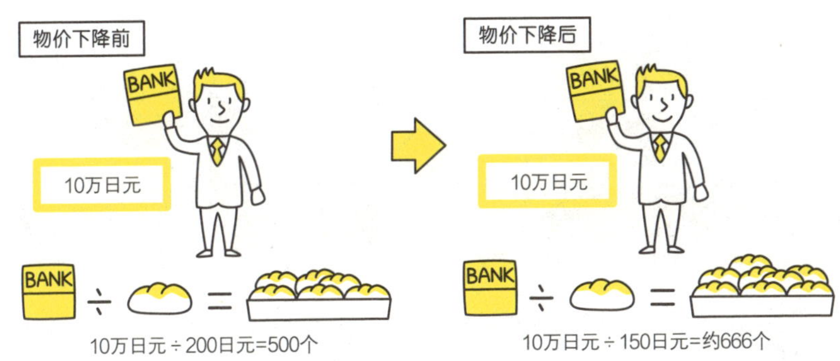

6 但是，A先生的资产比B先生的更多，所以他会感觉自己变富有了，并因此增加消费支出，进而对消费产生影响。

一般而言，因持有资产的价值升高而增加消费和投资等的现象被称为财富效应。不过实际上，当股价上升时，随着持有股票的价值上升，即使还没有出售股票兑换成现金，消费也会大幅增加，这种现象并不少见。如上所述，持有的金融资产和房地产等的价值升高，会成为扩大消费的原动力。相反，由于资产的价值下跌导致消费减少的现象被称为逆财富效应。

基钦周期 [Kitchin Cycle]

该理论认为，在企业 [p52] 的存货变动的影响下，会形成经济周期 [p198]，这种周期是平均长度约40个月的短周期。

美国经济学家约瑟夫·基钦（1861—1932）提出，因此被称为基钦周期理论。

1 如果商品销售得好，企业就会增加生产，但库存却呈减少状态。

2 于是，企业为了避免出现有订单却无供货因而错失销售机会的情况，就会进一步扩大生产。

3 其结果就是，雇佣的员工会增加，工资会提高，消费也随之活跃起来，经济状况好转。

4 不久，如果销量下降，产量就会超过销量，库存就会增加。

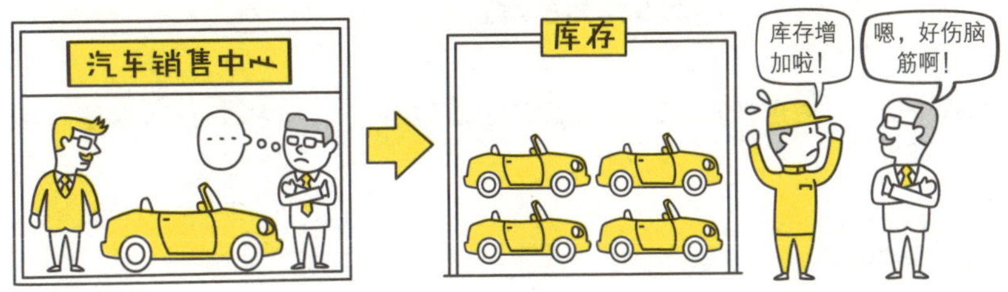

5 于是，企业会调整策略，开始缩减生产，减少库存，但是短时间内，生产量超过销售量的状态仍会持续，库存继续增加。

6 此后，企业不得不进一步缩减生产，不久后库存减少。

7 这样一来，企业就会降低员工工资或甚至会裁员，从而导致消费萎缩，经济萧条。

从上述流程中我们可以了解到，企业为了调整库存会反复扩大和缩小产量，进而形成经济周期。

朱格拉周期 [Juglar Cycle]

该理论认为，受企业 [p52] 设备投资变动的影响，10年左右为一个经济周期 [p198] 。

法国经济学家克里门特・朱格拉（1819—1905）提出，因此被称为朱格拉周期理论。

1 某公司的办公室内引进了很多台电脑，工厂里也引进了生产设备。

2 这些电脑和设备都有使用寿命，它们的使用寿命为10年左右。

3 因此，生产这些设备的公司，每隔10年都会因为产品销量的增加而获益。

库兹涅茨周期 [Kuznets Curve]

该理论认为，在建筑物重建的影响下，会形成经济周期 [p198]，这种周期的平均长度为20年左右。

美国经济学家西蒙・库兹涅茨（1901—1985）提出，因此被称为库兹涅茨周期。

1 假设在某个地方，建造了独栋住宅、商业设施以及工厂等建筑物。

2 这些建筑物的寿命大约是20年，到期必须进行重建或翻修。

3 因此，建设业和装修业的需求就会增加，经济状况也会随之好转。

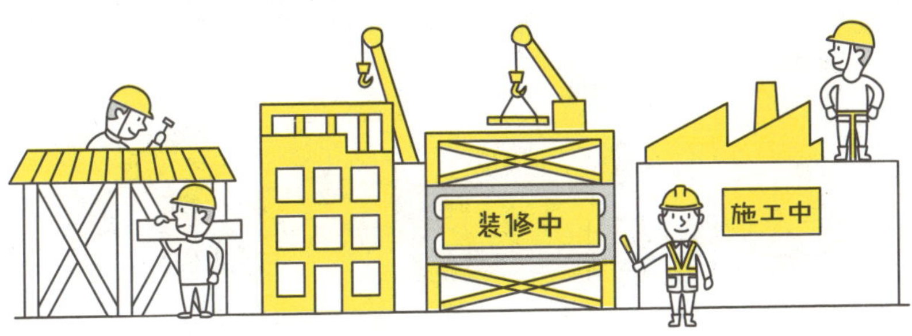

康德拉季耶夫周期 [Kondratiev Wave]

该理论认为，在技术革新的影响下，会形成经济周期 [p198]，这种周期的平均长度约为50年。

俄罗斯经济学家尼古拉·康德拉季耶夫（1892—1938）在1926年发表论文《经济生活中的长波》，文中首次提出了该理论。不久，约瑟夫·熊彼特 [p268] 又提出了以下三个长周期。

1. 第一个周期指的是18世纪80年代至19世纪40年代，由纺织机、蒸汽机等发明而引发的产业革命。

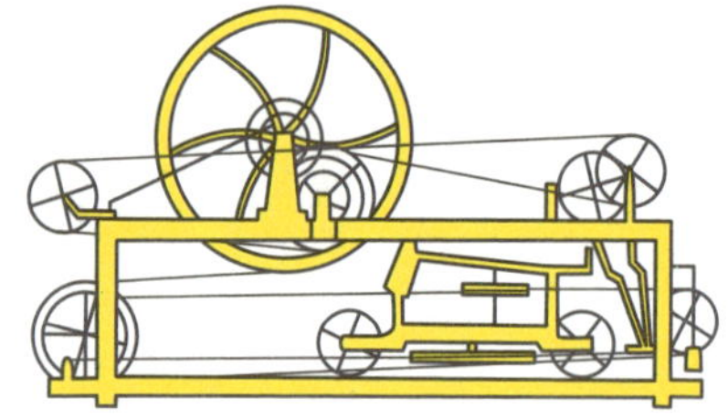

2. 第二个周期指的是19世纪40年代至19世纪90年代，铁路网建设、冶炼技术革新和电信业的进步。

3. 第三个周期指的是19世纪90年代至20世纪30年代，电气、化学技术的发展以及汽车产业的进步。

奥地利经济学家熊彼特在《经济发展理论》中，将这一观点命名为“康德拉季耶夫周期”。

从1800年到现在，直至2050年，如果用经济周期表表示，则如下所示。

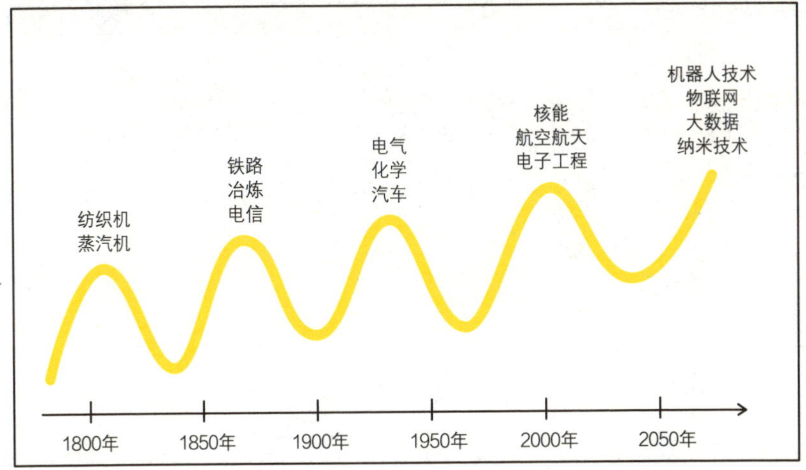

B国
○○汽车
○×汽车
××汽车
Internation
Economics

第4章 国际经济学

进口商品 [Imported Goods]

指的是从其他国家购入的商品和服务 [p13]。

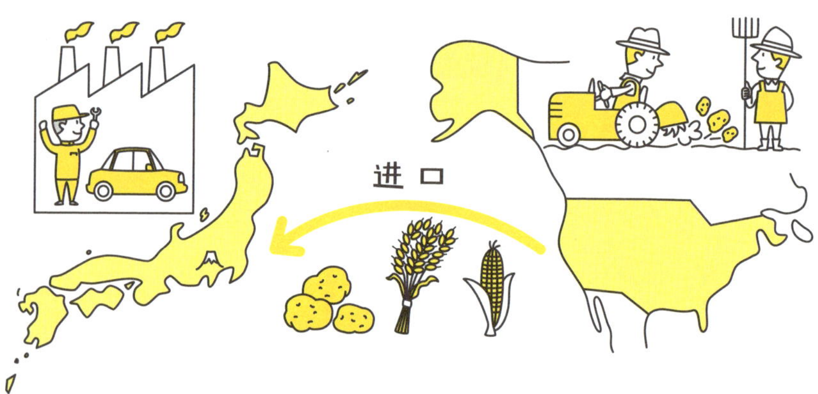

出口商品 [Exported Goods]

指的是向其他国家销售的商品和服务 [p13]。

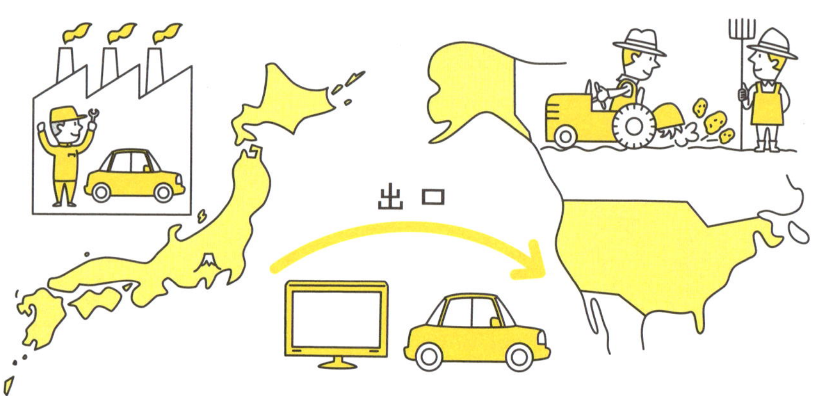

绝对优势 [Absolute Advantage]

指在某一产品的生产上，一国能比其他国家生产更多产品的优势。

1 例如，假设A国和B国在人口和资产方面实力相当，但气候和土地生产力不同。这两个国家都种植了苹果和橘子。

2 如果两个国家都只种苹果，A国可以生产100千克苹果，B国可以生产60千克苹果。那么，A国在生产苹果上拥有绝对优势。

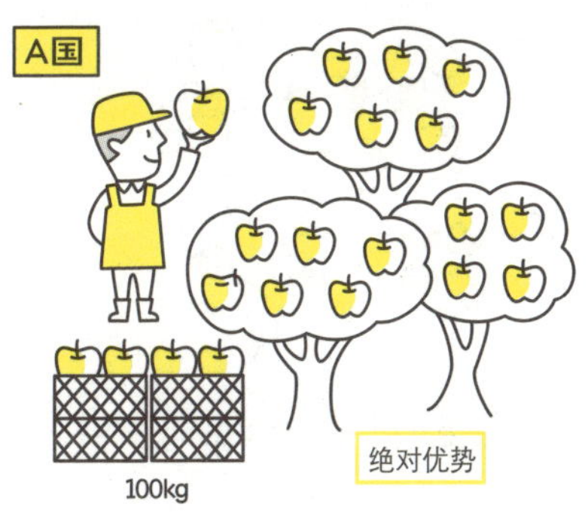

3 如果两个国家都只种橘子，A国可以生产60千克橘子，B国可以生产30千克橘子。那么，A国在生产橘子上也拥有绝对优势。

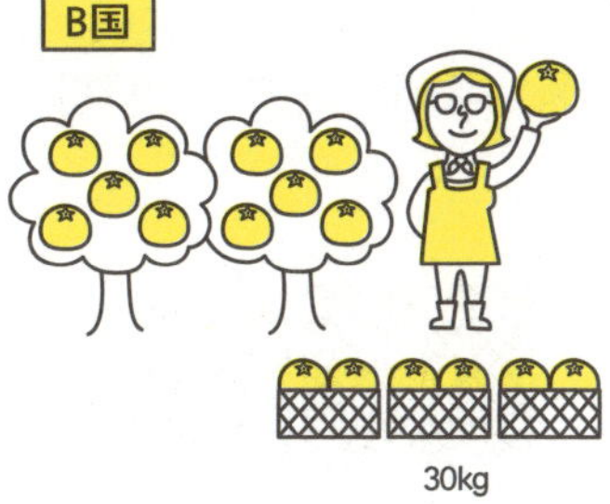

比较优势 [Comparative Advantage]

指的是，一个国家与其他国家相比，有能力以更高效、更低机会成本 [p26] 生产出某种产品。

1 例如，假设有两个种植苹果和橘子国家，它们是A国和B国。

2 在某一段时间内，如果A国只种植苹果产量为400千克，只种植橘子产量为80千克。

3 那么，A国生产1千克橘子的机会成本为5千克苹果（苹果400千克 ÷ 橘子80千克）。

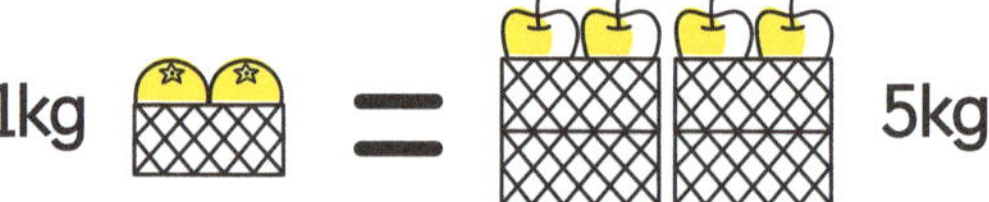

4 在另一段时间内，如果B国只种植苹果产量为60千克，只种植橘子产量也是60千克。

5 那么，B国生产1千克橘子的机会成本为1千克苹果（苹果60千克 ÷ 橘子60千克）。

6 相比之下，B国生产1千克橘子的机会成本是1千克的苹果，而A国是5千克的苹果。也就是说，B国在橘子生产方面具有比较优势。

7 我们再看一下苹果方面。A国生产1千克苹果的机会成本是1/5千克橙子（橙子80千克 ÷ 苹果400千克）。

8 B国生产1千克苹果的机会成本是1千克橙子（橙子60千克 ÷ 苹果60千克）。也就是说，A国在苹果生产方面具有比较优势。

综上所述，一般认为A国只生产苹果再出口到B国，B国只生产橘子再出口到A国，这样做是较为明智的选择。

关税 [Tariff]

指的是对进入本国的进口商品 [p238] 征收的一种税金。

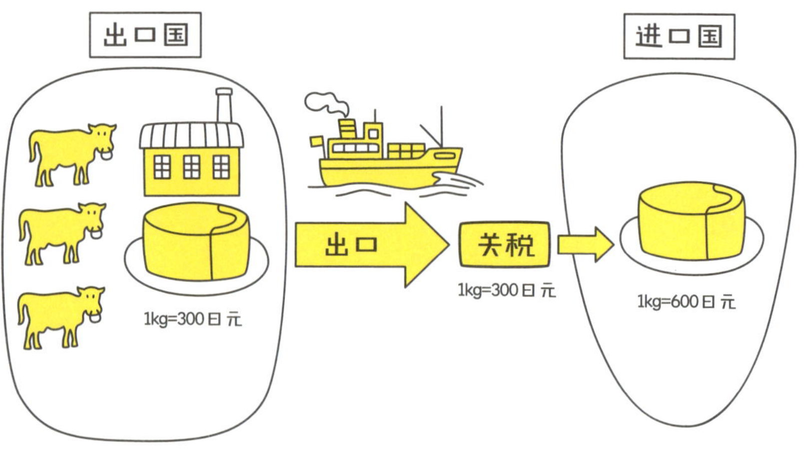

进口配额制 [Import Quota]

一种对进入本国的进口商品 [p238] 的数量，事先进行限制的制度。

保护关税 [Protective Tariff]

为了保护国内的产业，政府对进口商品 [p238] 征收的关税 [p242] 。

1 假设A国种植苹果，一个苹果的生产成本为100日元。

2 邻国B国也种植苹果。B国生产苹果的成本比A国低，只有50日元。于是A国计划从B国进口苹果。

3 但是，如果B国50日元的苹果进入A国，可能会让A国本土的苹果滞销，给果农带来困扰。

4 因此，A国政府向B国苹果征收了60日元的关税，从B国进口的苹果价格变成110日元。这样就保护了A国的苹果，使其免受价格更低的B国苹果的冲击。

财政关税 [Revenue Tariff]

指的是以增加国家财政收入为目的而征收的关税 [p242]。亦称收入关税。

1 假设有A国和B国两个国家。A国的苹果生产成本为100日元，B国为50日元。

2 有一次，A国计划从B国进口成本为50日元的苹果，却不知道该征收多少关税。

3 如果对B国50日元的苹果，征收60日元关税，B国的苹果价格会变成110日元，如此一来，A国生产的100日元的苹果会比B国的苹果更畅销。

4 如果想通过征收关税增加财政收入，A国就会对B国产的50日元的苹果，征收30日元的关税，使其销售价格变为80日元，这样一来，B国的苹果就会比A国的苹果更畅销。

如上所述，财政关税指的是，相比保护本国产业而言，更加重视增加税收的关税。

外汇 [Foreign Exchange]

指的是货币不同的两个国家之间，不需要现金就可以清偿债权、债务关系的一种结算方式。

· 某个日本人想从美国购买苹果。

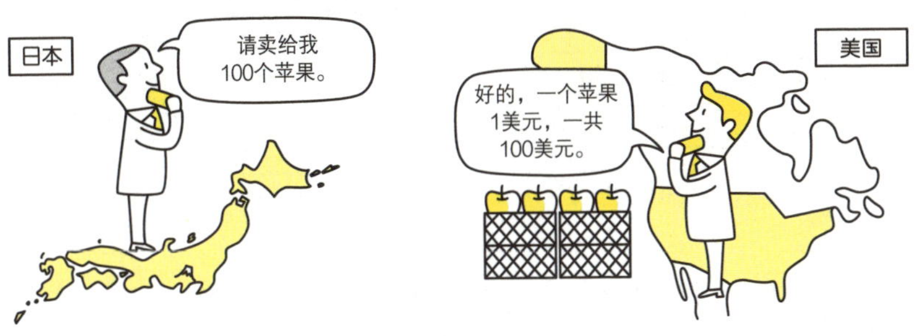

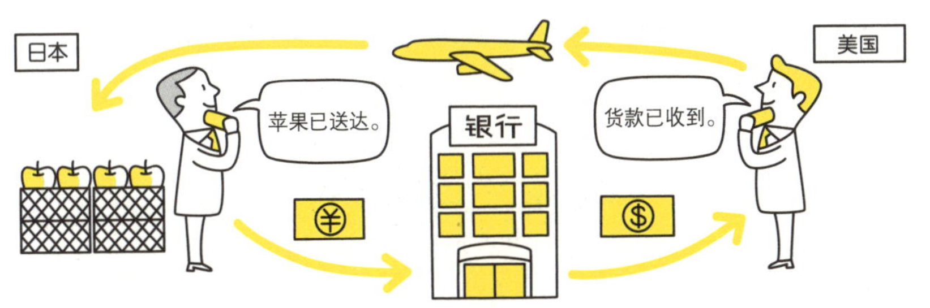

汇率 [Rate of Foreign Exchange]

指的是一国货币相对于其他国家货币的价格[p100]。汇率有如下两种标价方法。

外汇汇率

1美元=100日元

即1美元可以兑换
100日元。

本币汇率

1日元=0.01美元

即1日元可以兑换
0.01美元。

浮动汇率制度
[Floating Exchange Rate System]

在外汇市场上，根据外币的需求［p35］和供给［p35］的平衡关系所决定的（非现金结算）汇率制度。

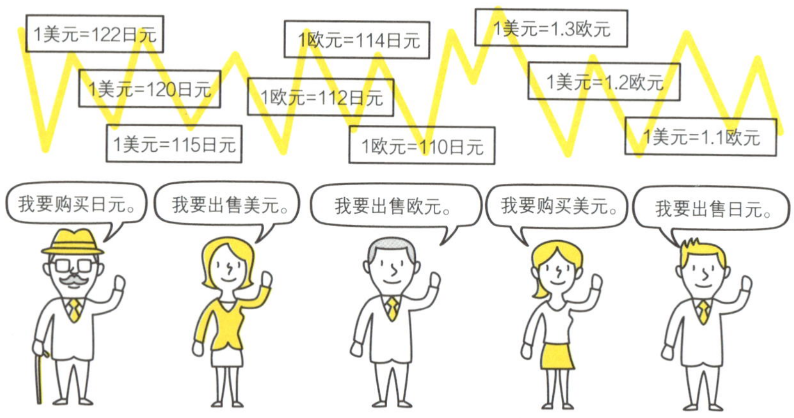

固定汇率制度
[Fixed Exchange Rate System]

指国家之间经过协商使用固定汇率的制度。

贸易 [Trade]

国家之间买卖商品和服务 [p13] 或交易行为的总称。

1 例如，假设A国的农业很发达，但是苦于没有石油资源。与之相反，B国虽然有丰富的石油资源，但是农业不发达。

2 于是，A国从拥有丰富石油资源的B国买入石油并运送至A国。
这个过程就叫作A国从B国进口石油，B国向A国出口石油。

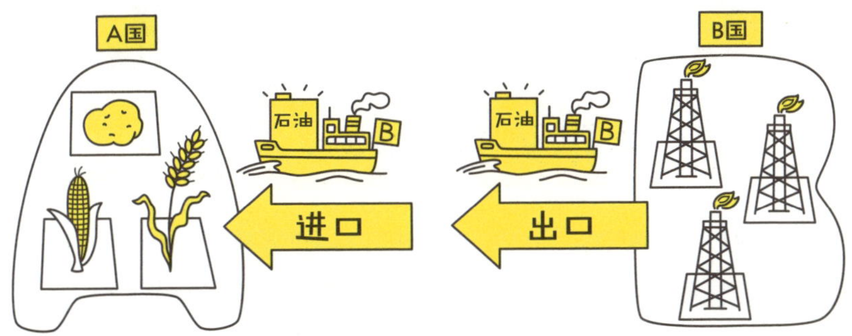

3 反之，因为B国农业不发达，所以它从A国买入小麦。
这个过程就叫作B国从A国进口小麦，A国向B国出口小麦。

垂直贸易 [Vertical Trade]

贸易［p247］的一种形式，指的是某个国家出口原材料，然后由其他国家加工成工业品并出口。

水平贸易 [Horizontal Trade]

贸易［p247］的一种形式，指相互出口并进口加工后的最终产品［p142］。

国际分工 [International Division of Labor]

指的是各个国家专注生产各自擅长领域的产品，将其出口到其他国家，并从其他国家进口商品。

1 例如，A国科技发达，擅长生产汽车，但本国缺乏制造汽车的原材料。

2 因此，A国从B国和C国进口制造汽车的原材料。

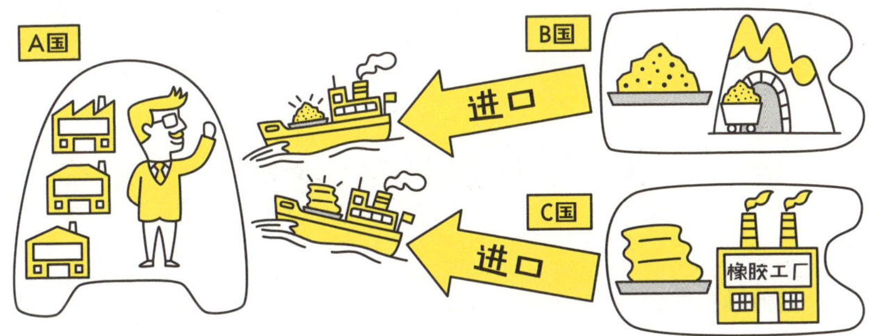

3 然后A国使用进口的原材料制造汽车，再出口到B国和C国。

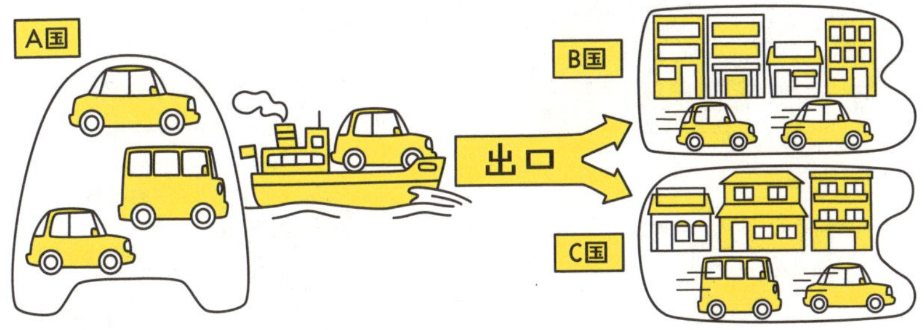

如上所述，各个国家以自己擅长的产业为中心进行生产，再互相进口和出口产品，通过这样的分工提高生产效率。

自由贸易 [Free Trade]

指的是国家不对关税［p242］等进行干涉，生产者或商品的经营者可以自由进行的贸易［p247］。

保护贸易 [Trade Protection]

贸易［p247］的形式之一。指的是国家利用征收关税［p242］或限制进口量等方式，为保护本国产业而采取的一种贸易政策。

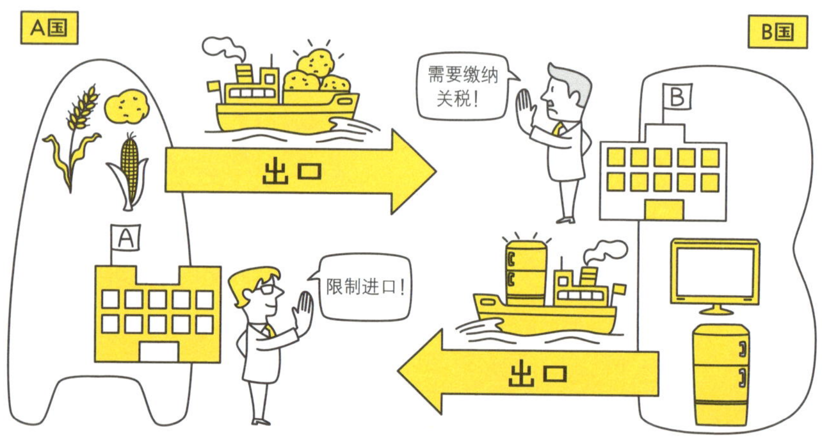

贸易顺差 [Trade Surplus]

指的是出口额大于进口额的现象。以日本为例，如果贸易顺差增加，可以从贸易对象国获得更多的外汇，用外汇兑换日元的需求随之增加，因此可能引起日元升值[p210]。

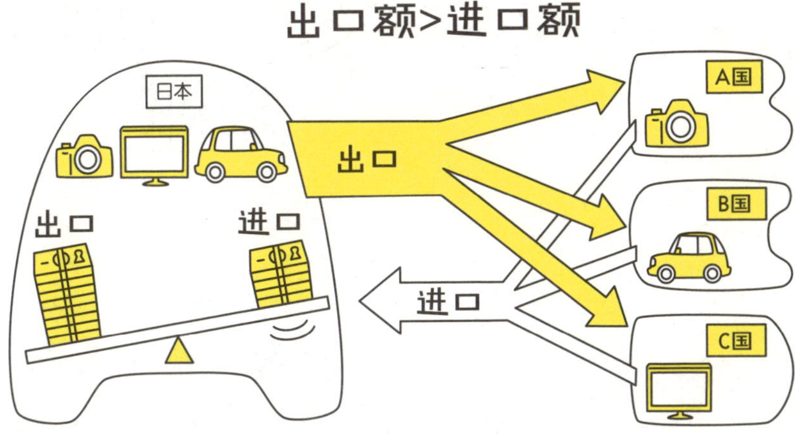

贸易逆差 [Trade Deficit]

指的是进口额大于出口额的现象。以日本为例，如果贸易逆差增加，需要向贸易对象国支付更多的外汇，用日元兑换外汇的需求随之增加，因此可能引起日元贬值[p212]。

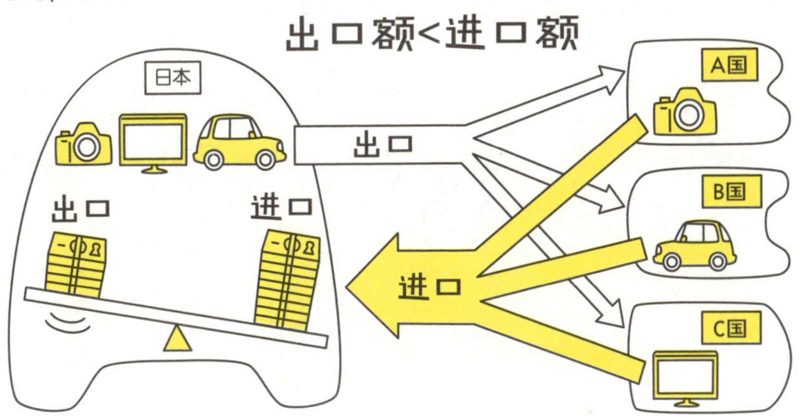

Economic History

第5章 经济史

亚当·斯密

［Adam Smith（1723—1790）］

英国经济学家，出生于苏格兰，毕业于英国牛津大学。1776年，他发表了《国富论》。在思考如何发展国家经济时，他最终得出的结论是：真正的自由竞争的市场才能为整个社会带来最大利润。亚当·斯密第一次从理论角度分析了资本主义社会的结构，因此被称为“近代经济学之父”。

1 亚当·斯密在他的著作《国富论》中提到，让国家变得富裕的财富是通过劳动创造的商品［p13］。

2 当时社会的主流经济学思想是重商主义［p282］，他们认为，如果减少进口，大力增加出口，在国内囤积贵金属，国家就会富裕起来。

3 但是亚当·斯密却批评了重商主义，他主张用自由的经济活动创造财富，即通过进口可以让生活必需品进入国内，扩大市场，让国民的生活富裕起来。

4 此外，他还认为，如果让劳动者专门从事一项工作，可以强化技能，提高生产力，降低成本，从而生产更多的商品，使财富增加，因此分工［p23］至关重要。

5 亚当·史密斯认为，政府不应该干预市场（自由放任主义［p101］），即使政府不干预，“看不见的手”也能维持良好的市场秩序。

6 例如，有两家果蔬店都在销售同一种西红柿，如果售价不同，顾客就会选择在更便宜的蔬菜店购买，而售价较贵的那家果蔬店就不得不降价。

7 又例如，假设有两个制造相似产品的工厂，如果工资差距过大，高工资的工厂就可以留住员工，低工资的工厂就会招不到员工，因此低工资的工厂就不得不提高工资。

如上所述，即使政府不干预，经济也可以自然地运行，这就是亚当·斯密的观点。

大卫·李嘉图

［David Ricardo（1772—1823）］

荷兰经济学家。从阿姆斯特丹的商业学校毕业后，14岁开始从事证券交易，并成为一名成功的企业家。最初他一边工作一边发表经济学的论文，42岁退休后就开始专心著述，发表了《政治经济学及赋税原理》（1817年）。他与亚当·斯密［p254］同为古典派经济学［p284］最重要的经济学家。

1 李嘉图当时所在的欧洲，重商主义［p282］是主流经济思想，实施的是严格限制国际贸易，增加出口，减少进口的政策。

2 在这样的环境中，李嘉图受到亚当·斯密［p254］《国富论》的影响，主张国际分工［p249］的必要性，推崇自由贸易。

3 在进行贸易时，李嘉图提出了比较优势［p240］理论（比较成本学说），认为如果每个国家都集中生产各自擅长的产品，其他商品从其他国家进口，这对彼此都是有益的。

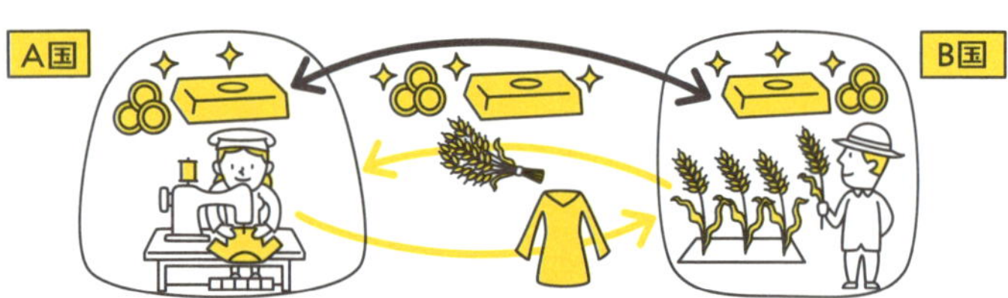

4 比较优势理论指的是，假如，相对于生产橘子，A国比B国更擅长生产苹果。在这种情况下，如果A国只生产苹果，不但牺牲的橘子产量相对较少，还能够提高苹果的产量。

5 与之相反，假如，相对于生产苹果，B国比A国更擅长生产橘子。在这种情况下，如果B国只生产橘子，不但牺牲的苹果产量相对较少，还能够提高橘子的产量。

6 因此，李嘉图认为，如果各个国家都专注于本国擅长的领域，就可以生产出高品质的商品和服务，从而实现整个社会的利润最大化。

7 另外，李嘉图还认为，肥沃的、生产力高的土地与生产力低的土地相比，生产成本较低，因此，如果农产品的销售价格相同，肥沃的土地生产的农产品就会产生超额利润，从而形成差额地租。据此，他创立了差额地租学说。

此外，李嘉图还为发展亚当·斯密的“商品的价值取决于生产时所需的劳动量”的劳动价值论 [p216] 作出了贡献。

托马斯·马尔萨斯

[Thomas Malthus (1766—1834)]

英国的经济学家、社会学家。1766年，他出生于一个牧师家庭，毕业于英国剑桥大学，其代表作为《人口论》(1798年)。当时正值英法战争，英国面临着物价暴涨等经济问题，因此作为解决对策之一，《济贫法》的修改与否成为人们争论的焦点。在这种形势下，马尔萨斯试图通过揭示人口原理来批判理想主义的革新派。

1 马尔萨斯在其著作《人口论》中，就食品的增减和贫困问题进行了阐述，同时也解释了人口出现增减的原因。

2 马尔萨斯提出的人口论有两个明确的前提条件。第一，食物对于我们人类生存而言是必不可少的。

3 第二，我们人类两性间的情欲是必然存在的。

4 根据这两个前提，他引申出了自己的观点：如果人口不受任何限制，就会像等比数列“1、2、4、8……”（几何级数）一样不断增长，与之相对，粮食却只能像“1、2、3、4……”的等差数列（算术级数）一样增加。

5 因此，总有一天人口会因为过度增长，打破与粮食之间的平衡状态，出现粮食短缺的不均衡状态。

6 一旦粮食和人口的平衡被打破，两种抑制的力量就会开始作用。一种是积极抑制，指饥荒、贫困、战争、疾病等灾难的发生。

7 另一种是道德或预防抑制，指避孕、堕胎、晚婚、不婚等通过限制出生人口而进行的有计划性的欲望抑制。

在这两种抑制力量的作用下，人口会逐渐调整到与社会生产力相匹配的数量，自动地重现人口与粮食的平衡。

约翰·穆勒

[John Stuart Mill (1806—1873)]

英国的哲学家、社会学家、经济学家。李嘉图学派经济学家詹姆斯·穆勒之子。与亚当·斯密[p254]、大卫·李嘉图[p256]、托马斯·马尔萨斯[p258]等同为古典派经济学[p284]的代表人物。主要著作有《论自由》(1859年)和《政治经济学原理》(1848年)。

1 穆勒的理论以杰瑞米·边沁(1748—1832)创立的功利主义(行为应以大多数人的最大幸福为原则的观点)为基本原理，认为功利是判断人的行为是否正确的基准，即该行为是否产生了幸福。

2 他在代表作《论自由》中谈到，自由不仅仅是追求个人自身的幸福，也必须提高整个社会的福利水平。

3 穆勒认为，通过经济政策可以改变社会，即使在经济的自然规律的作用下，资本家和地主聚集了大量财富，政府也可以通过再分配，来提高社会的幸福度。

4 在穆勒的另一部代表作《政治经济学原理》中，他还提到了继承税和累进税［p146］的可能性，以及劳动者自己组织的合作社等。

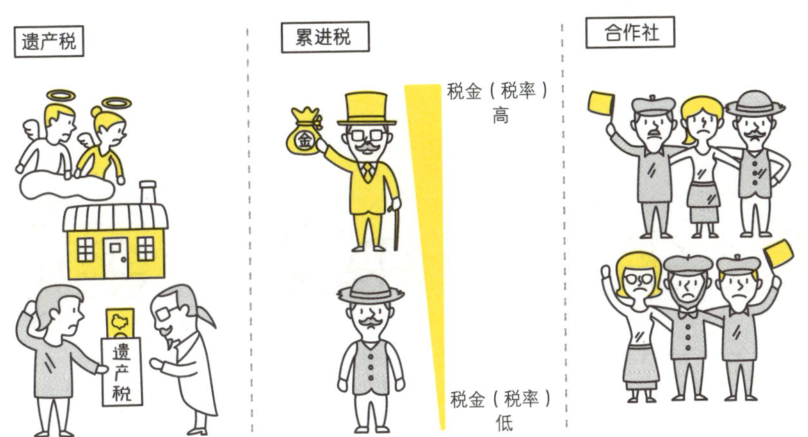

5 这个观点为后来福利国家的理论奠定了基础。

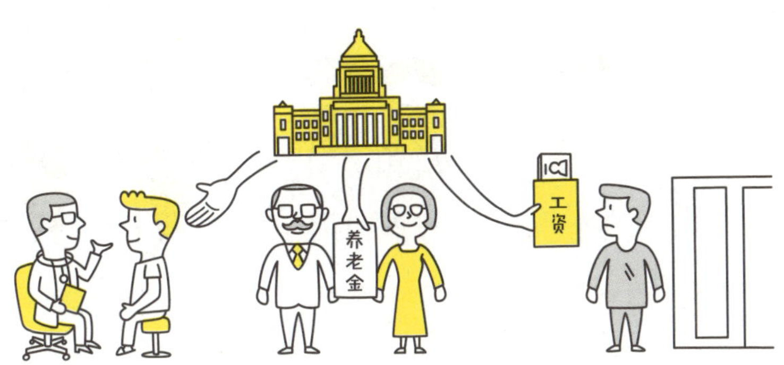

边沁主张的功利主义是“量的功利主义”，即通过最大化幸福和痛苦的差距，使个人获得最大的幸福度。但是穆勒将其进一步完善，主张“质的功利主义”，即幸福与数量无关，与质量有关，提高质量才是最重要的。

卡尔·马克思

[Karl Marx（1818—1883）]

德国经济学家、哲学家。他是律师之子，在德国耶拿大学取得了哲学博士学位。他与产业资本家弗里德里希·恩格斯共同起草了《共产党宣言》。马克思分析并批判了资本主义经济，和恩格斯一起创立马克思主义。他晚年撰写的代表作《资本论》，第一卷是由马克思自己写作出版的，第二卷、第三卷则是由恩格斯协助整理出版的。马克思被誉为“社会主义之父”。

1 马克思生活的19世纪，经济危机时有发生，劳动环境十分恶劣，从大人到孩童普遍需要进行长时间的劳动，因此很多劳动者都处于贫困状态。

2 在这种情况下，马克思对于亚当·斯密在《国富论》中主张的“自由放任主义[p101]”产生了怀疑。马克思在其代表作《资本论》中指出，在资本主义经济下，财富集中在资本家手中，而劳动者会越来越贫穷，因此产生了贫富差距。

3 马克思主张“商品的价值取决于劳动”的劳动价值论[p216]，认为通过工作可以产生商品和服务[p13]，这些才是财富的源泉。

4 另外，马克思还认为，资本家为了获取更多的剩余价值，也就是为了多赚取一点点的利润，首先会设法延长劳动者的劳动时间。这被称为绝对剩余价值［p222］。

5 但是，延长劳动时间是有局限性的，因此他们通过引进机器等提高生产率，以此来减少劳动者的收入。这被称为相对剩余价值［p224］。马克思认为，在这样的资本主义社会，资本家会越来越富裕，劳动者会越来越贫穷，贫富差距会进一步扩大。

6 马克思主张，为了纠正这种贫富差距，劳动者们应该发动革命，从资本家手中夺取生产资料，归全体劳动者所有。

7 后来，根据这一社会主义理念，苏维埃社会主义共和国联盟（苏联）、中华人民共和国成立了。

阿尔弗雷德·马歇尔

［Alfred Marshall（1842—1924）］

英国经济学家。出生于伦敦，获得奖学金进入英国剑桥大学学习数学和伦理学。后担任剑桥大学教授，并创立了剑桥学派，他是新古典派经济学［p286］的代表人物。凯恩斯［p266］和庇古［p103］都是他的弟子，他的著作《经济学原理》（1890年）在很长一段时间里都是新古典派经济学的教科书。

1 马歇尔因吸收边际效用［p42］理论而闻名。另外，他还专注于研究价格的决定因素，他认为，在完全竞争市场［p70］中，价格决定于需求和供给一致时的交点，也就是说价格会稳定在需求曲线和供给曲线相交的均衡点上。

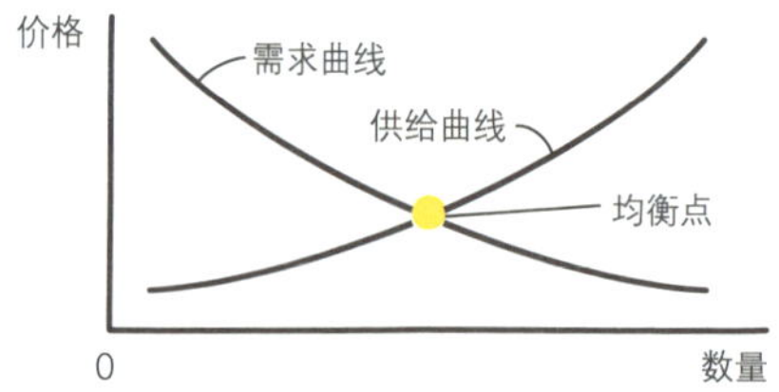

2 我们先从供给方的角度来研究一下需求和供给法则。生产商品和服务［p13］的生产者，之所以向市场供给商品，是为了满足消费者的需求。

3 相比商品和服务的供给量，如果消费者的需求更多（超额需求），商品的价格就会上升。

4 但是，如果生产者的供给超过消费者的需求（超额供给），价格就会降低。

5 如上所述，通过需求量和供给量等数量的变化，使价格趋近于均衡点。这就是马歇尔的均衡价格理论。

6 另外，他对货币化率（又称马歇尔K值）的分析也非常有名。货币化率表示的是货币供给量占GDP［p122］的比重，反映了当GDP为1时，货币供给量的倍数值。

例如，如果货币化率为1.5，说明货币供给量是GDP的1.5倍

货币化率＝货币供给量÷GDP

（1.5）　（150）　（100）

7 因此，货币化率越大，说明市面上流通的货币越多。通过观察数值相比长期走势的偏离程度，来判断货币供给量是否合适。

也就是说，如果货币化率超过长期走势，就说明货币供给过剩；如果低于长期走势，则被判断为资金短缺。

约翰·梅纳德·凯恩斯

[John Maynard Keynes（1883—1946）]

英国经济学家。在英国剑桥大学时，他跟随马歇尔［p264］学习经济学。在经历了1929年开始的世界经济危机后，他于1936年出版了代表作《就业、利息与货币通论》。据说凯恩斯在研究经济学的同时，还用私人财产投资股票，获得的利润大多用于支援艺术家。

1. 1929年，从美国开始的经济危机逐渐席卷资本主义世界。如何稳住日益增长的失业人口造成的经济动荡之局面，凯恩斯为此冥思苦想。

2. 在此之前的古典派经济学认为，失业是由于劳动者本人因工资过低，拒绝用现行的工资工作所造成的“自愿失业”。

3. 但是凯恩斯在经历世界经济危机后认为，除了“自愿失业者”以外，还存在着因为没有就业机会而产生的“非自愿失业者”。

4 他主张，在经济动荡的状况下，政府应该积极地干预经济，创造就业机会。

5 例如，假设政府决定实施财政政策，修建高速公路。

6 于是承包这项工程的建筑公司就会因此获利，它们可以将这笔钱用于投资。此外，该公司员工的工资也会增加，因此这些资金又会被用于消费。建筑公司将利润的一部分用于购买设备，因此获利的机械公司的职员工资就会增加。凯恩斯主张，政府需要通过创造类似如上所述的有效需求［p165］，以使其产生乘数效应［p176］。

7 凯恩斯认为，为了提高乘数效应，引导更多的人消费自己的货币，他提倡实行累进税制［p146］。

约瑟夫·熊彼特

［Joseph Schumpeter（1883—1950）］

奥地利经济学家。曾担任奥地利财政部部长和奥地利私营比德曼银行行长等职务。他提出了企业只有进行创新才能带来经济增长的理论。主要著作有《经济发展理论》（1912年）和《资本主义、社会主义与民主》（1942年）等。

1 熊彼特把创新分为以下五种类型。第一种是生产新产品或具有新特征的产品。

2 第二种是采用一种新的生产方法。

3 第三种是实现一种新的组织。

4 第四种是开辟一个新的市场。

5 第五种是开辟一个新的供应商。

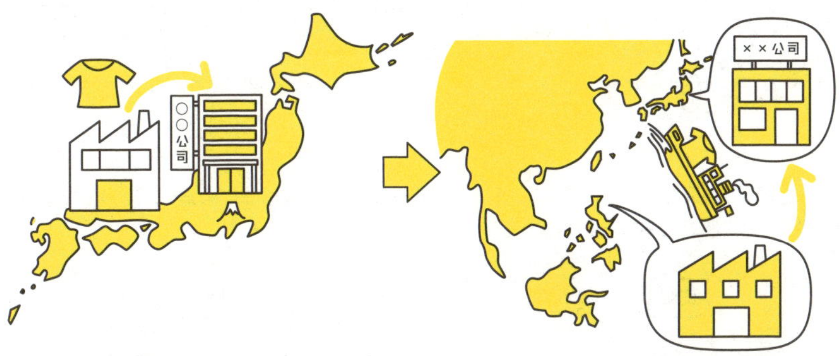

6 企业家就是创新者，可以说他们起到了摧毁旧产业，创造新产业的重要作用。这种破坏与创造叫作“创造性破坏”，熊彼特认为这对资本主义而言至关重要。

7 此外，他还主张经济周期理论，认为如果不反复进行创新，经济就会停滞，经济繁荣和经济衰退会不断重演。

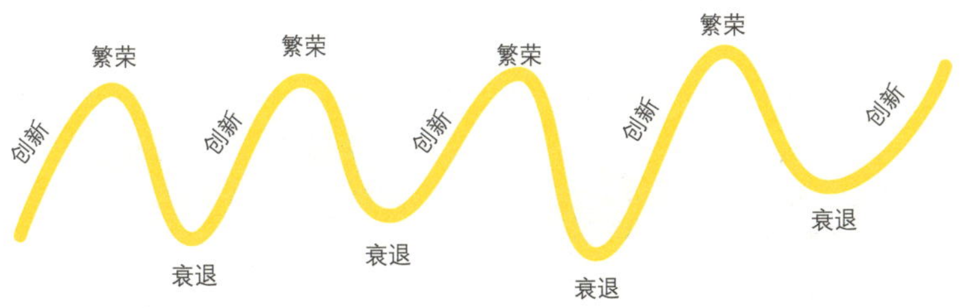

莱昂内尔·罗宾斯

［Lionel Robbins（1898—1984）］

英国经济学家。自1929年开始担任英国伦敦政治经济学院经济学系的系主任。罗宾斯在20世纪30年代反对凯恩斯［p266］的理论，关于世界经济危机他有自己独到的观点。在他的代表作《论经济科学的性质与意义》中，他阐释了经济学稀缺定义。

1 罗宾斯将经济学［p12］定义为“系统研究各种目的与具有多种用途的稀缺［p12］资源之间关系的人类行为的科学”。

2 这是什么意思呢？人类的欲望是无限的，但实际上资源的数量是有限的，这是人类所面临的一个基本事实。

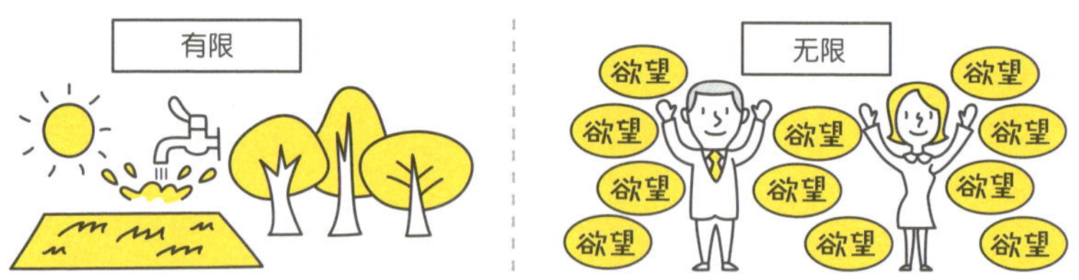

3 也就是说，经济学就是探讨人的欲望与资源之间的平衡。

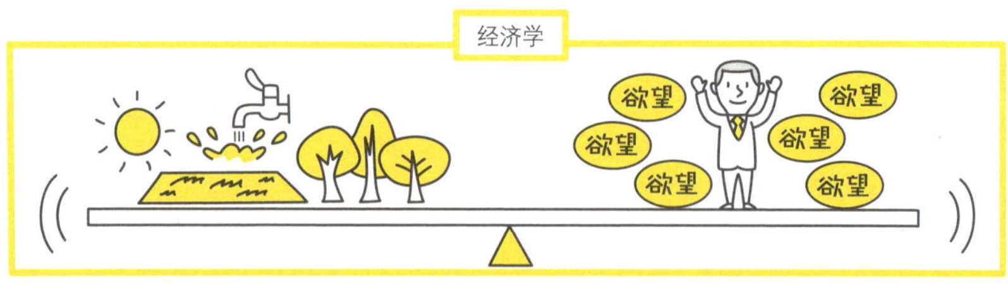

4 例如，假设有个人有一块土地，他在这块土地上养牛。

5 这块土地的主人犹豫着这块土地将来是改种小麦，还是继续养牛。

6 考虑到一方面该地区很多人都以大米为主食，很少有消费者想把小麦做成面包食用；另一方面，很多消费者都有喝牛奶的意愿，因此，土地的主人最终选择利用有限的土地来养牛。这就是着眼于稀缺性的经济学的思考方式。

7 罗宾斯还批判了庇古［p103］所主张的个人效用的可衡量性、可比较性以及可以加总求和的观点。

8 罗宾斯认为，个人的效用是无法衡量的，不同人的满足程度也是无法比较的，庇古的主张是缺乏科学依据的。

罗宾斯根据这一主张，重新定义了庇古所主张的福利经济学，并开辟了新的福利经济学方向。

弗里德里希·哈耶克

［Friedrich Hayek（1899—1992）］

奥地利经济学家、哲学家。年轻的时候学过法学和政治学，曾作为奥地利学派的经济学家活跃于奥地利维也纳。坚持自由意志主义（Libertarianism）［p290］。1974年荣获诺贝尔经济学奖。

1 哈耶克认同新古典派经济学［p286］关于政府不应该干预经济的主张，但在1929年美国的股票市场暴跌的“黑色星期一”后的经济萧条中，他批评了因对市场经济的信任产生动摇而诞生的凯恩斯理论［p266］。

2 凯恩斯主张，国家应该介入经济，创造有效需求［p165］；与之相反，哈耶克主张，经济应该放任不管，并将其交托给市场。不过，美国政府最终实施了罗斯福新政，支持了凯恩斯理论。

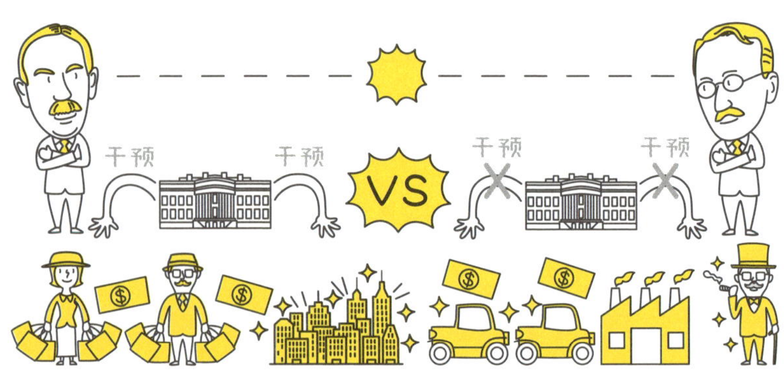

3 另外，哈耶克主张彻底贯彻自由主义和个人主义，他认为，将集体秩序强加给社会的政策最终会失灵。

4 哈耶克认为，如果将市场［p20］放任不管的话，确实可能会导致经济衰退和通货膨胀［p156］等。

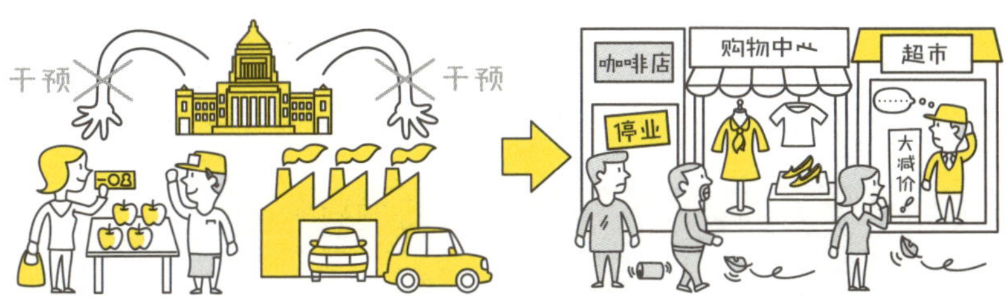

5 但是如果让政府干预市场的话，就不能进行有效的资源配置，会导致经济无法顺利发展。

保罗·萨缪尔森

[Paul Samuelson（1915—2009）]

美国经济学家。他在新古典派经济学的基础上，综合了凯恩斯经济学方法，创立新古典综合学派。他在主要著作《经济分析基础》（1947年）中，使用数学整理了以往的经济理论，为后来数学在经济学中的应用埋下了伏笔。他于1970年荣获诺贝尔经济学奖。

1 萨缪尔森发表了很多理论，其中一项就是反映消费者行为规律的“显示性偏好理论”。

2 因为人的效用[p18]是基于个人主观满意度的，所以无法衡量。

3 但是，如果通过价格和数量等客观数据，合理地分析消费者的选择行为，就可以解释消费者的行为。这就是显示性偏好理论。

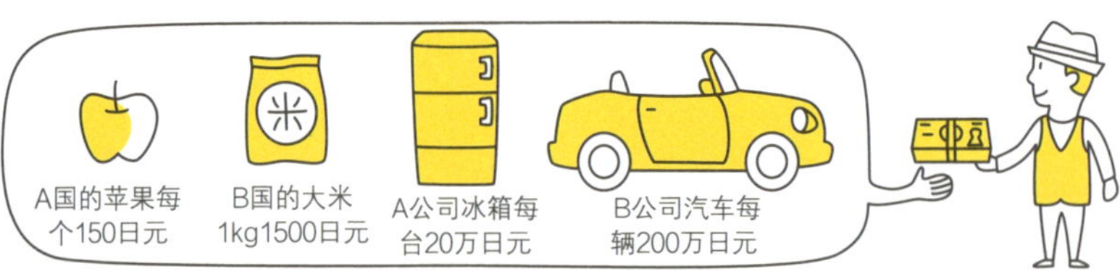

4 另外，某些特定的服务必须由政府提供吗？又需要什么条件呢？
萨缪尔森据此提出了关于公共物品［p104］的理论（萨缪尔森公共物品理论［p114］）。

5 在宏观经济学［p30］中，英国的阿尔班·威廉·菲利普斯（1914—1975）提出了菲利普斯曲线，即如果失业率下降，工资就会上升，反之失业率上升，工资就会下降。萨缪尔森对其进行了重新修正。

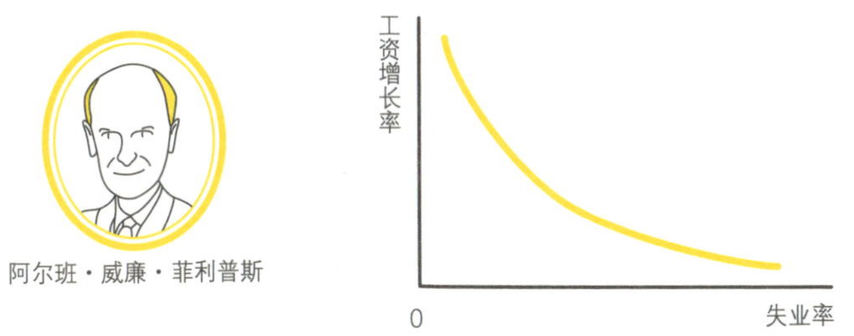

阿尔班·威廉·菲利普斯

6 萨缪尔森重新审视了失业率与物价上涨率（通货膨胀率）之间的关系，他认为，如果通货膨胀率上升，失业率就会下降，如果失业率上升，通货膨胀率就会下降。

米尔顿·弗里德曼

［Milton Friedman（1912—2006）］

美国经济学家，哥伦比亚大学博士学位，1946年到1976年在美国芝加哥大学执教，培养了很多弟子。弗里德曼和他的弟子们被称为“芝加哥学派”。弗里德曼的代表作是《资本主义与自由》（1962年）。他于1976年荣获诺贝尔经济学奖。

1 在弗里德曼登上历史舞台之前，美国正值经济动荡时期，凯恩斯［p266］的理论占据着主流地位，他们认为，政府应该干预市场实施财政政策，中央银行［p154］应该实行金融政策。

2 但是，弗里德曼否定了凯恩斯的观点，他认为只要稳定住货币供给量（市面上流通的货币的供给量）的增长，经济状况就会好转（货币主义［p205］）。

3 弗里德曼的观点，受到了当时英国的保守党玛格丽特·撒切尔政权以及美国共和党罗纳德·里根政权的支持。

玛格丽特·撒切尔

罗纳德·里根

4 另外，弗里德曼在他的著作《资本主义与自由》中，详细阐述了政府不应该实行的14项政策。

日本2001年也实施了行政结构改革、邮政民营化、派遣劳动自由化等“中央政府小型化”政策。

加里·贝克尔

[Gary Becker（1930—2014）]

美国经济学家。美国芝加哥大学和美国哥伦比亚大学教授。他是运用经济学方法研究所有人类行为和解决社会问题的先锋。他的代表作是《人力资本》（1964），于1992年荣获诺贝尔经济学奖。

1 贝克尔将以前只局限于经济学和金融领域的市场原理、价格理论应用到教育、劳动、种族歧视、结婚、生育等日常生活范围，对政策产生了广泛的影响。

2 例如，关于种族歧视问题，贝克尔证明了种族歧视会让被歧视的人和歧视别人的人都蒙受损失。这一观点成为消除种族歧视的有力理论依据。

3 另外，贝克尔明确了家庭作为基本社会单位，互相合作生活的理由，并将其理论化。

4 贝克尔还开拓了人力资本领域。他提出学校教育等会对人的收入和生活产生影响，进而对经济增长和人口构成产生影响，将教育问题与经济学结合起来。

5 贝克尔还运用经济学的理性来分析犯罪行为。也就是说，犯罪者会根据实施犯罪所获得的利润是否超过机会成本（刑罚等）来判断是否实施犯罪。根据这个理论，贝克尔利用经济学逻辑研究了最合适的犯罪预防对策。

如上所述，加里 · 贝克尔的理论涉及社会政策等领域，对美国舆论的形成和社会政策的制定产生了很大的影响。

托马斯·皮凯蒂

［Thomas Piketty（1971—　　）］

法国经济学家。从巴黎高等师范学院毕业后，获得法国社会科学高等研究院和英国伦敦政治经济学院双博士学位。在美国麻省理工学院和法国巴黎经济学院任教。他的代表作品有《21世纪资本论》（2013）等。

1 托马斯·皮凯蒂是一位研究收入不平等的专家，他在其代表作《21世纪资本论》中称，资本主义无法摆脱贫富差距的宿命。

2 皮凯蒂认为，从缩小一直以来的贫富差距的角度出发，应该将焦点集中在劳动者的工资上。

3 改善劳动者的工资待遇一直被认为是缩小贫富差距的有效措施。

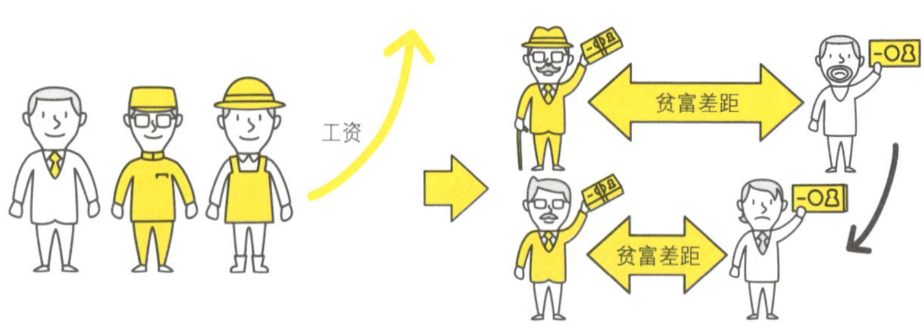

4 与之相反，股票、房地产、存款等资本是扩大贫富差距的主要原因。

5 从长期来看，通过资产获得的财富要大于通过劳动获得的财富。

6 因此，产生了财富集中现象，有钱人（富裕阶层）和穷人（贫困阶层）的差距在逐渐扩大。

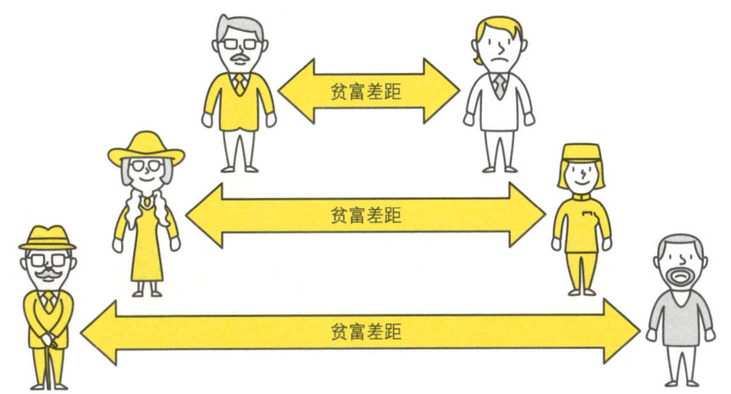

7 因此，皮凯蒂主张，如果想要改变这种不平等状况，必须针对富裕阶层的收入和资产征收高额累进税。

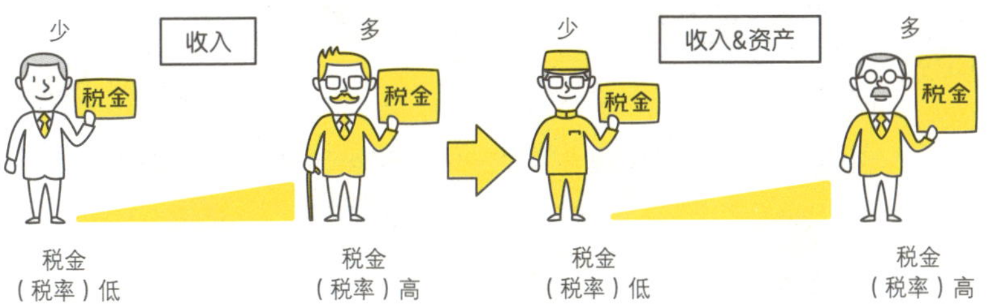

皮凯蒂的《21世纪资本论》引起了包括日本在内的世界各国的高度关注。

重商主义 [Mercantilism]

该观点认为，国家的富裕程度，取决于该国所持有的黄金、白银或货币的数量。重商主义是资本主义社会初期最具代表性的经济理念。

1 16世纪至18世纪，荷兰、法国、英国等国正处于国王对国家实行统治的绝对王权时期。这些国家都推崇重商主义。

2 因为当时重视商业，对商业实行国家控制，保护拥有特权的大商人，因此被称为重商主义。重商主义分为两个阶段。第一阶段为早期重商主义，主要从殖民地攫取金银，并将其积累起来。

3 第二阶段为贸易差额论。通过限制进口增加出口，从而增加国内金银和货币的储蓄量。当时会为了限制外国商品进口，保护本国产业而征收高额关税。

4 1600年成立的英国东印度公司是重商主义政策的代表。此外，法国路易十四的财政大臣让-巴普蒂斯特·柯尔贝尔（1619—1683）也大力推行重商主义政策。各个国家在利用高额关税限制进口的同时，还推行了出口奖励金等政策，以增加本国的出口。

让-巴普蒂斯特·柯尔贝尔

5 在重商主义盛行的时代，18世纪法国兴起了重农主义，并批判重商主义，其代表人物弗朗索瓦·魁奈（1694—1774）主张，不应该向外国谋求财富，而是应该通过本国的土地（农业）获得财富。

弗朗索瓦·魁奈

6 重农主义认为，农民种植农作物，地主向农民出租土地，工匠制作商品，接下来，用各自赚得的钱购买商品，通过这个循环就可以让国家经济发展起来。因此，他们主张不能向农民征收除地租以外的任何税金。

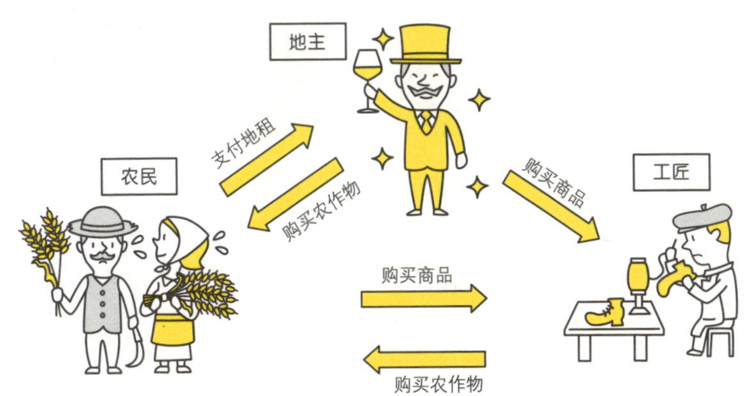

此后，以魁奈为首的经济学家们，批评了重商主义所推崇的贸易保护主义，认为它们阻碍了自由竞争带来的经济发展，为亚当·斯密［p254］所主张的自由放任主义的萌芽提供了土壤。

古典派经济学 [Classical Economics]

指的是18世纪下半叶至19世纪上半叶，工业革命后诞生于英国的经济思想，其对资本主义经济进行了最初的研究。

- 古典派经济学的代表人物有亚当·斯密［p254］、托马斯·马尔萨斯［p258］、大卫·李嘉图［p256］、约翰·穆勒［p260］等。

亚当·斯密

托马斯·马尔萨斯

大卫·李嘉图

约翰·穆勒

1 当时的英国由于蒸汽机的发明、纺织技术的革新、冶炼技术的提高等，使人们的劳动环境发生了变化。

2 在这样的情况下，出现了资本家雇佣劳动者，劳动者从资本家手中领取工资，资本家用劳动者生产的商品获取利润的资本主义经济体制。

3 古典派经济学认为，经济社会由资本家、地主、劳动者这三个阶级组成，他们分别通过提供资本、土地、劳动力，来获得作为代价的利润、地租和工资。

4 亚当·斯密在自己的著作《国富论》中，提出了劳动价值论［p216］，主张人类的财富并非金银，而是劳动。

5 另外，他提出了一个疑问：通过劳动生产出来的产品，有多少分配给国民了呢？他认为，其分配的数量决定了国家的富裕程度，而且他主张国家不应该干预企业经济活动，应该让市场进行自由的竞争（自由放任主义［p101］）。

6 李嘉图还强调，在贸易方面，政府不应以关税等方式进行干预，只要通过自由贸易，各国取长补短，国家就会变得富裕。

综上所述，古典派经济学是一种支持人们拥有私有财产并追求利润的经济思想。

新古典派经济学

[Neoclassical Economics]

相对于古典派经济学 [p284] 所主张的商品的交换价值取决于生产中投入的劳动价值，新古典派经济学认为，交换价值取决于需求方的边际效用 [p42]。这是微观经济学 [p30] 消费理论中所使用的重要概念。

● 新古典派经济学的代表性人物有阿尔弗雷德·马歇尔 [p264] 、卡尔·门格尔、里昂·瓦尔拉斯、威廉姆·斯坦利·杰文斯等。

阿尔弗雷德·马歇尔

卡尔·门格尔

里昂·瓦尔拉斯

威廉·斯坦利·杰文斯

1 在新古典派经济学登上历史舞台之前，人们认为，商品和服务 [p13] 的价格取决于人类的劳动（劳动价值论 [p216] ）。

2 但19世纪70年代，奥地利的门格尔、法国的瓦尔拉斯以及英国的杰文斯几乎同时发表了关于边际效用的理论（边际革命 [p218] ）。

3 他们认为，每新增一单位商品和服务时所获得的效用（满足程度）会逐渐减少（边际效用递减规律［p43］）。

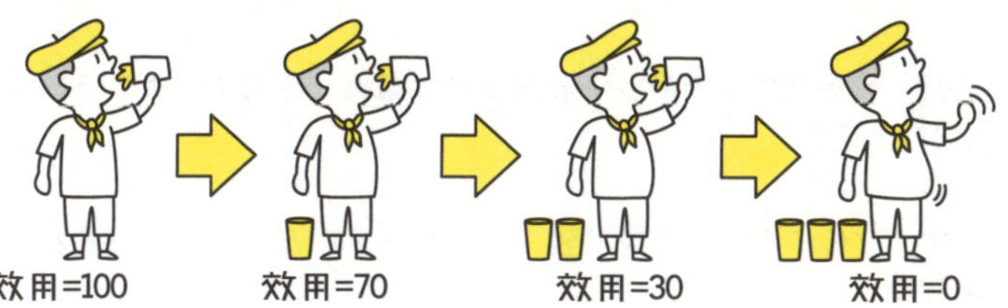

4 另外，他们还把边际的概念应用在供给方面，主张虽然通过增加生产要素的投入量，可以增加产量，不过每新增一单位所带来的增加幅度在逐渐减少（边际生产力递减规律［p56］）。

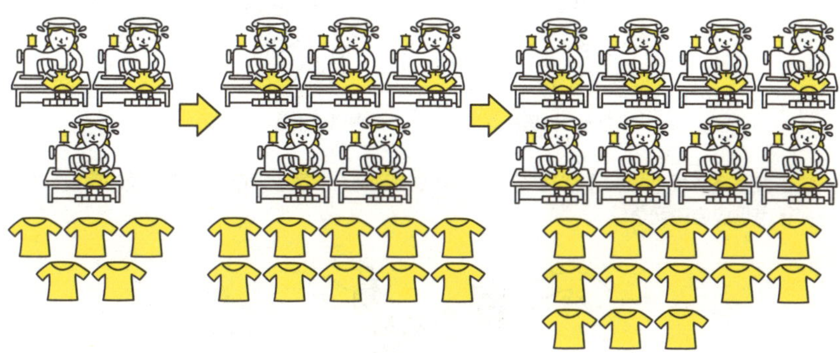

5 在宏观经济学［p30］中，他们提出了萨伊定律［p206］，即“国民收入取决于供给方”的理论，形成了供给学派经济学。

6 因此，即使发生经济衰退也只是暂时的，如果交托给市场，在价格机制的作用下可以实现充分就业，经济也会趋于稳定，因此新古典派经济学认为，政府无须过分干预经济，最好把政府干预限制在较窄的范围内。

新自由主义 [Neoliberalism]

20世纪80年代后世界主流的经济思想和政策潮流。他们主张将政府的限制最小化，重视自由竞争。

新自由主义经济学家包括米尔顿·弗里德曼［p276］和弗里德里希·哈耶克［p272］等人。

米尔顿·弗里德曼

弗里德里希·哈耶克

1 古典派经济学［p284］批判了在绝对君主制的统治下国家对市场过度干预的现象，主张市场应自由竞争。

2 弗里德曼提出的新自由主义，认为政府的管制，过度的社会保障制度、福利制度，财富再分配是导致政府机构庞大冗余的原因。

❸ 新自由主义经济学家主张放宽限制、缩减福利、紧缩财政等。

❹ 因此，他们批判了凯恩斯［p266］学派的有效需求政策，认为应该减少政府对市场经济的干预。

❺ 20世纪80年代，美国里根总统实施的“里根改革”所依据的政策理论就是新自由主义。他推行了缩小政府规模、缩减社会福利和公共服务、公共事业民营化、放宽限制促进竞争等政策。

❻ 而在日本，2001年推行的“无圣域的结构改革”政策，其理论依据也是新自由主义。当时进行了邮政事业和道路公团民营化等“从国到民”的结构改革。

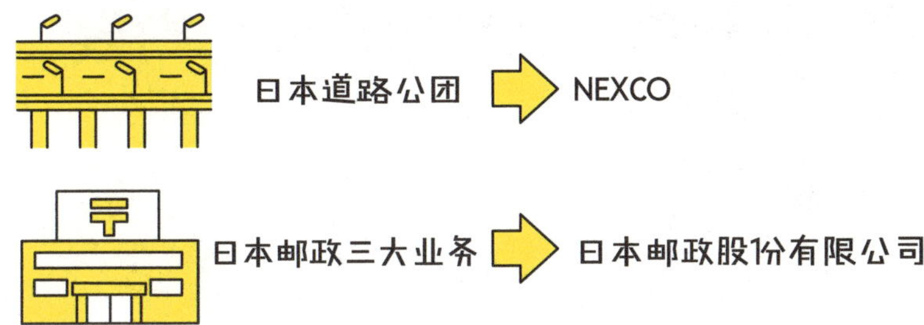

自由意志主义 [Libertarianism]

是绝对重视个人自由，并把对其加以制约的国家的作用限制到最低限度的自由至上的主义。在重视经济自由这一点上与新自由主义［p288］类似。主张自由意志主义的人被称作自由意志主义者（libertarian）。

● 在经济层面宣扬“自由意志主义”的学者主要有弗里德里希·哈耶克［p272］和米尔顿·弗里德曼［p276］等。

弗里德里希·哈耶克

米尔顿·弗里德曼

1 自由意志主义是基于弗里德曼的理论提出的，它在经济层面反对国家的干预，主张市场经济的自由发展。

2 但是自由意志主义不仅限于经济层面，它还倡导社会自由，例如不服从权威、废除婚姻制度、毒品和枪支合法化、废除征兵制和福利等。

3 自由意志主义主张绝对的个人自由，认为国家的作用应该仅限于防止他人的自由被侵害。也就是说，为实现个人自由最大化，应该尽量减少国家的作用，将权力全权交托给民众。

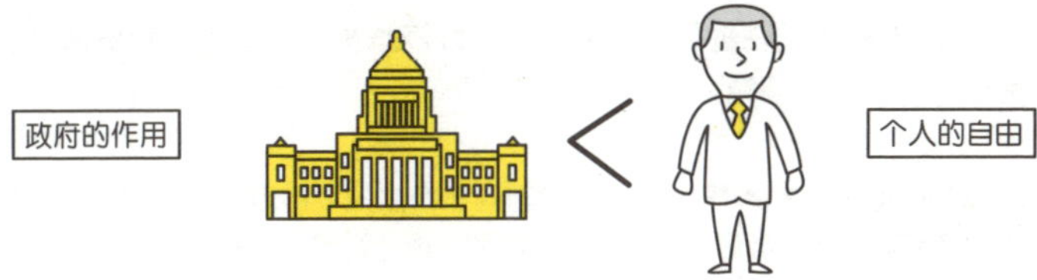

4 自由主义（liberalism）主张尊重自由，但在弱者和贫民因处境而不能自由选择时，对政府通过法律规定和财富再分配的形式干预个人的行为，是给予肯定的。

5 但是自由意志主义则强调，国家的作用应该仅限于监督个人自由不受侵害，国家权力不应该强制征收税金对财富进行再分配。因此，他们认为向富人征收巨额税金，再分配给穷人的行为是错误的。

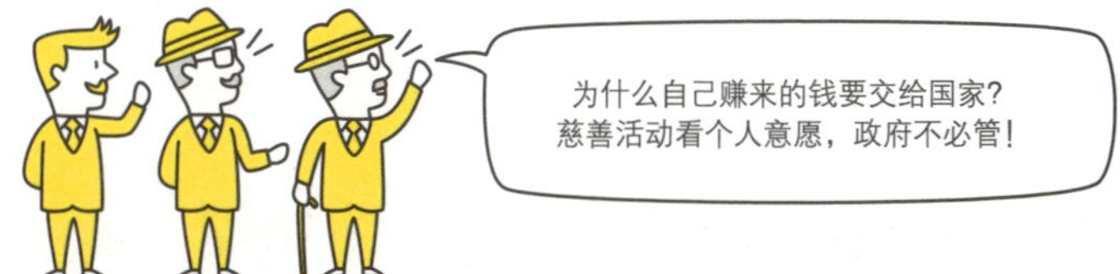

6 另外，因为自由意志主义主张尊重社会自由、个人自由，因此他们否定了计划经济和全面限制国民的极权主义。

大萧条［World Economic Crisis］

指的是1929至1933年间在世界范围内爆发的经济危机，它带来了企业破产、银行倒闭、失业人口增加等问题。

1 在1914年开始的第一次世界大战中，美国向作为主战场的欧洲出口了大量的军用物资，获得了巨额利润，战后，美国取代了欧洲，成为世界经济的中心。

2 美国国内的工业，特别是汽车产业迅猛发展。随着道路网的完善，住宅逐渐扩建到郊区，经济也在不断发展。

3 蓬勃发展的美国经济，受到了包括美国本国在内的全世界投资家的关注，引起股价上涨，人们的投机热情高涨，处于泡沫经济［p162］状态。

4 但是，随着欧洲经济的复苏，此前从美国出口到欧洲的农产品和工业产品的订单开始骤减。

5 当时美国为了保护本国产业，对从外国进口的商品征收了高额关税［p242］，而其他国家也对从美国进口的商品征收高额关税，因此美国的出口产业并不发达。

6 随着贸易的萎缩，企业过度的设备投资引发了生产过剩，农作物的过度生产又引发了价格下跌，从而导致失业人口增加。

7 投资者担心自己持有的股票暴跌，纷纷大量抛售股票。1929年10月24日（“黑色星期四”）股价突然大幅暴跌。很多企业和工厂随之倒闭，失业人口激增。

8 当时对美国经济依赖度较高的国家也受到此次股价暴跌的波及，从而导致了世界经济危机。

此后，1933年当选美国总统的富兰克林·罗斯福提出了“罗斯福新政”，推行兴建公共工程、政府积极干预经济、创造就业机会等政策，从而提高了国内的购买力。

次贷危机
[The Financial Crisis]

2008年9月，美国的投资银行雷曼兄弟公司破产，受此影响，全世界股价暴跌，进而引发了金融危机以及世界经济萧条。

1 雷曼兄弟公司于1850年由雷曼三兄弟创立，是当时美国排名第四的投资银行，其破产的导火索是面向低收入者的住房贷款“次级抵押贷款”。

2 次级抵押贷款面向的是在一般金融机构无法贷款的低收入者，目的是让低收入人群也可以拥有自己的房子，所以是一种非常有吸引力的贷款。

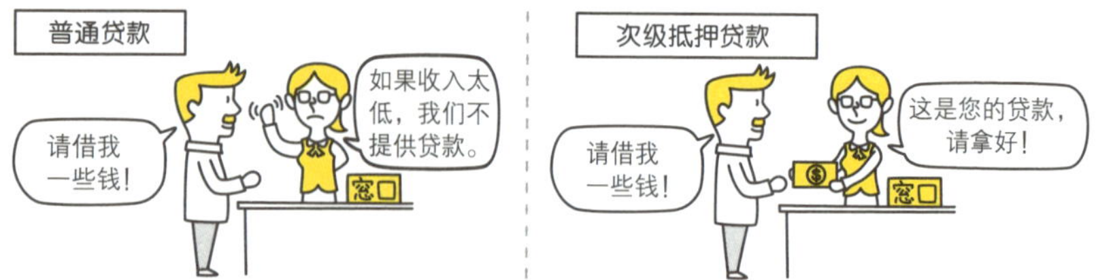

3 这种贷款大受欢迎，美国掀起了住宅建设热潮，土地价格上涨，人们认为今后土地的价格还会上涨，于是一股脑地都开始建造房屋。

4 次级抵押贷款最开始为正常利率，不过随着时间的推移，利率上涨，以此来降低贷款方的风险。

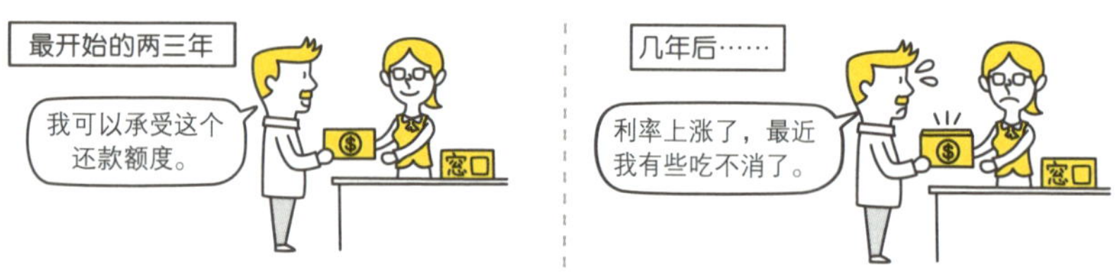

5 申请次级抵押贷款的低收入者，一开始如期偿还了贷款，但随着利率的上涨，他们因无力偿还而开始变卖住宅。

6 这种住房贷款的机制存在着很大的问题。在日本，即使卖掉了住宅，如果还有贷款，也需要继续偿还，但是次级抵押贷款如果以住宅作为担保，一旦房子出售就不需要偿还贷款了。

7 在这种情况下，银行无法收回贷款，增加了不良债权。不仅如此，由于次级抵押贷款的证券化，欧美的投资者大多持有其股票，因此美国房地产泡沫的破灭，引起了全世界金融的动荡。

8 接下来，雷曼兄弟的破产导致了金融危机，引发纽约股市暴跌。受此影响，全世界的股市都受到了沉重的打击。

索引

H

J

K

L

M

N

P

Q

R

S

T

图书在版编目（CIP）数据

经济用语图鉴 / (日) 花冈幸子著 ; (日) 浜田加纳绘 ; 赵百灵译. -- 海口 : 南海出版公司, 2021.5

ISBN 978-7-5442-9884-1

Ⅰ. ①经… Ⅱ. ①花… ②浜… ③赵… Ⅲ. ①经济学—通俗读物 Ⅳ. ①F0-49

中国版本图书馆CIP数据核字(2020)第124610号

著作权合同登记号 图字：30-2020-045

TITLE：［经済用語図鑑］

BY：［花岡 幸子］

JINGJI YONGYU TUJIAN

经济用语图鉴

策划制作：北京书锦缘咨询有限公司（www.booklink.com.cn）

总 策 划：陈 庆

策　　划：肖文静

著　　者：［日］花冈幸子

绘　　者：［日］浜田加纳

译　　者：赵百灵

责任编辑：李凤君

排版设计：柯秀翠

出版发行：南海出版公司 电话：（0898）66568511（出版） （0898）65350227（发行）

社　　址：海南省海口市海秀中路51号星华大厦五楼 邮编：570206

电子信箱：nhpublishing@163.com

经　　销：新华书店

印　　刷：北京旺都印务有限公司

开　　本：889毫米×1194毫米 1/32

印　　张：9.5

字　　数：322千

版　　次：2021年5月第1版 2021年5月第1次印刷

书　　号：ISBN 978-7-5442-9884-1

定　　价：68.00元